심리학자가 들려주는
우아하게 나이 드는 법

심리학자가 들려주는
우아하게 나이 드는 법

우에키 리에 지음 | 김슬기 옮김

Successful Aging

유노
북스

● *Successful Aging* ●

아, 나이듦이
이토록
기대될 줄이야!

사람은 나이가 들수록 '엉망이 되는' 존재일까요?

젊을 때만 반짝반짝 빛나고 점차 능력과 지력, 감성이 쇠퇴하고
마는 존재일까요?

결론부터 말하자면, 절대 그렇지 않습니다.

이러한 사고방식을 심리학에서는 '석세스풀 에이징(successful aging)'

이라고 부르고, 최근 들어 큰 주목을 받고 있습니다. 특히, 60대부터 마음이 크게 성숙하고 행복감이 높아진다는 점이 부각되고 있습니다. '행복하게 나이 드는 법'이 유럽과 미국을 중심으로 활발하게 연구되고 있는 것입니다.

참고로 일본에서는 주로 '불행해지지 않는 법'에 대한 연구가 이루어지고 있다고 합니다. 다른 나라에 비하면 예방학적이고 소극적이라고 할 수 있죠.

이 책은 그에 반해 유럽과 미국처럼 '나이듦'을 적극적인 관점에서 바라보는 책입니다. 나이가 든다는 것이 얼마나 행복한 일인지에 초점을 맞춰 나갑니다. 인생을 더 풍요롭게 살기 위해서는 이편이 훨씬 의미가 있기 때문입니다.

이 책은 다음과 같은 시점을 통해 제가 상담 현장에서 만난 많은 분의 사례를 토대로 알기 쉽게 정리했습니다.

심리학자가 들려주는
우아하게 나이 드는 법

(1) 나이듦의 기쁨을 맛보는 비결은 무엇인가?

(2) 어떻게 생각하고 행동하면 행복하게 나이 들 수 있는가?

(3) 나이가 들지 않으면 도달할 수 없는 경지나 지성이 있는가?

이를 통해, 나이가 든다는 것이 결코 나쁘기만 한 것이 아니라는 점을 이야기하고자 합니다. 적극적인 실천을 돕기 위해 30대부터 90대까지 구간을 나누어 정리했습니다.

여기서 오해하지 말아야 할 점이 있습니다.

"나는 벌써 50이 넘었단 말이지. 30대가 알아야 할 것을 이제 와서 읽어 봤자 무슨 소용이 있겠어."

하지만 저는 결코 그렇게 생각하지 않습니다. 오히려 기회가 찾아온 것입니다. 30대 때 남겨 둔 마음의 숙제를 지금 바로 해결해 보는 것이죠. 그렇게 하면 인생의 충실감이 눈에 띄게 높아질 것입니다.

'성공적인 나이듦(successful aging)' 이론은 인생의 어느 시점에서든 적용할 수 있습니다. 이 책을 읽고 오늘부터라도 의식을 바꾼다면 분명 성공적인 70대, 80대가 당신을 기다리고 있을 것입니다.

우에키 리에

'석세스풀 에이징'을
아는 사람과
모르는 사람

환갑부터 서서히
완성되는 '인간력'

나이가 들면 아무래도 체력이나 면역력은 약해집니다. 20대 초
반 정도까지는 남녀를 불문하고 피부에 주름이나 처짐이 적고 탄

력도 좋으며 혈액 순환도 잘 됩니다. 이런 측면에서 중년기 이후에는 20대를 도저히 이길 재간이 없습니다.

그러나 청년기까지의 세대는 몸은 건강할지 모르지만 대개 마음이 미성숙한 상태입니다. 그들은 마음 깊은 곳에 공연스레 어둠을 안고 있습니다. 청년들은 이렇게 말합니다.

"아르바이트를 하는 곳이든 학교든 마음을 못 붙이겠어요. 허둥지둥하고 쭈뼛거리기만 해요. 거짓 미소를 짓는 일도 지쳤어요."

"다른 사람과 어떻게 대화를 해야 하는지 모르겠어요. 제 방에 영원히 틀어박혀 지내고 싶어요."

10대 후반의 자살률 증가 경향에 비춰 보아도 이것은 심각한 문제입니다. 스트레스를 제대로 해소하지 못하고, 어른들처럼 충실한 삶을 살거나 차분한 행복을 얻는 방법을 전혀 모르는 것이죠.

심리학 이론이나 저의 상담 경험을 통해 확실하게 말할 수 있습니다. 나이가 들면 들수록 사람은 정신력이 쇠퇴하기는커녕 비로소 나다움이 무엇인지 알게 되고, 인생의 충실감이 무엇인지 깨닫고 자아를 실현하기 위해 앞으로 나아갈 수 있다는 것입니다.

젊을 때에는 당장 믿기 어렵겠지만, 이른바 '인간력'은 환갑을 맞이할 때부터 서서히 갖춰지는 법입니다. 청년들을 이끌어 나갈 수 있는 여유는 무려 환갑을 넘어야 비로소 움트기 시작합니다.

"저 사람도 완전히 할머니가 다 됐네. 젊었을 때는 참 예뻤는데 말야. 좋은 시절 다 갔네"라는 말을 자주 듣습니다.

일반적으로 나이듦(aging)은 인간으로서 '가련하다'고 여겨지는 풍조가 있습니다. 그래서 안티에이징(anti-aging)이라고 해서, 젊음을 되찾는 데 혈안이 된 사람들이 국적을 불문하고 매년 증가하고 있는 것입니다. 뭐, 저도 그 마음은 충분히 이해합니다.

아니, 나이듦은
참 좋은 것이로구나

그러나 냉정하게 생물 진화의 관점에서 생각해 봅시다. 인간의 DNA가 '나이가 들수록 점점 기분이 처지고 불행해지도록' 프로그래밍 되어 있다면 무슨 의미가 있을까요?

기력이 쇠한 노인이 계속 늘어나기만 한다면 사회적으로 효율적이고 생산적이라고 말할 수 있을까요? 만약 DNA를 배열하는 어떤 '신'과 같은 존재가 있다면 그런 프로그램을 만들어서 어떤 생물학적 이득을 볼 수 있을까요?

인간은 어리석어지기 위해 태어나지 않았습니다. 정신 질환을 앓거나 평생을 눈물과 함께 보내거나 자살을 하기 위해 나이를 먹는 것이 아닙니다. 인간은 행복해지기 위해 천천히 그 계단을 오르내리는 특수한 존재라고 생각합니다.

이런저런 실패나 인간관계를 겪으며 오랜 시간에 걸쳐 '아, 살아 있음은 참 좋은 일이구나', '나도 꽤 괜찮구나' 하는, 이루 말할 수 없는 충실감을 얻는 것이 나이듦의 최고의 선물이 아닐까요?

'노인은 적응을 잘 못하고 방해가 된다.'

침팬지나 사자 등 다른 동물은 어떨지 모르겠지만, 이러한 가설은 인간처럼 독창성이나 감정, 호기심이 두드러지게 발달한 문화적 생존에 역행하는 사고방식입니다.

그 증거로 "당신은 지금 행복합니까?"라는 간단한 물음에 대부분의 10대는 고개를 가로젓는다는 점을 들 수 있습니다. 30대에서 50대 가운데는 "내가 행복한가?" 하며 고개를 갸우뚱하는 사람이 많습니다. 그러나 80대 혹은 90세를 넘긴 사람들은 "그야 당연하지. 팔다리는 내 마음대로 잘 안 움직여도 지금이 제일 좋아"라고 곧바로 수긍하는 경우가 많습니다.

최근 고령화가 급속도로 진행되면서 50세 이상에 대해 '노해(老害, 지도자층이 고령화하고 원활한 세대교체가 이루어지지 않아 조직이 노화하는 현상)'라는 매정한 말을 던지는 경우가 늘고 있습니다. 그리고 70세 혹은 80세가 넘어가면 생각이나 감정이 둔해지고, 가족의 도움이 없으면 생활이 불가능하다는 막연한 인식이 퍼지고 있습니다.

하지만 그런 생각들은 심리학자의 입장에서 보면 신뢰하기 어려운 편견에 불과합니다.

나이 빼면
별 차이 없는 20대, 90대

'노해'라는 견해에 힘을 실어 주듯 뉴스나 와이드쇼는 "또 70대 운전자가 엑셀과 브레이크를 혼동해 사고를 일으켰습니다", "또 80대 운전자가 편의점을 들이박았습니다"처럼 고령자의 교통사고를 부각해서 보도합니다. 60세 이상의 고령자가 스스로 면허를 반납하는 것을 필요 이상으로 부각시키는 경향마저 보입니다. 하지만 이런 관점이 반드시 옳다는 과학적 근거는 어디에도 없습니다.

치매 같은 병을 앓고 있거나 인지 기능이 극도로 저하된 사람이 운전을 자제해야 하는 것은 당연합니다. 그러나 대부분의 사람은 나이가 들어도 판단력이나 운전 능력이 떨어지지 않습니다.

극단적인 예이지만, 영화감독 클린트 이스트우드(Clint Eastwood)의 〈라스트 미션〉이라는 영화는 '아주 중요한 물건을 장시간 운반하게 하려면 무조건 90세 베테랑 운전수에게 의뢰해야 한다. 젊은 친구들이 할 수 있는 일이 아니다'라는 콘셉트로 그려졌습니다.

실제로 사람이나 건물과 정면충돌한 사고 중에서 사망 사고로 이어진 건수는 85세 이상과 20세 이하가 매년 거의 비슷한 수치를 기록하고 있습니다.

즉 세간에서 이러쿵저러쿵 수군대는 고령자의 교통사고는 물론 위험하지만, 젊은 세대의 운전 미숙으로 인한 사고도 그에 못지않게 위험한 셈입니다. 그러나 티브이에서는 고령자가 일으킨 사고를 젊은이들이 일으킨 정면충돌 사고보다 훨씬 더 요란하게 다룰 때가 많아 보입니다.

클린트 이스트우드의 영화 속 주인공처럼 "저는 수십 년간 수천만 킬로미터나 운전해 왔기 때문에 미숙한 사고 같은 건 일으키지 않아요. 미숙한 젊은 친구들이 하는 운전이 더 위험하죠"라고 말할 수 있는 고령 운전수가 사실은 70대, 아니 80대에도 얼마든지 있다는 점을 꼭 이해해 주셨으면 합니다.

그런 점을 간과한 채 "아! 70대니까 면허 반납하셔야겠네요" 하며 개개인의 인지 능력, 운전 능력과 무관하게 나이라는 잣대만으로 왈가왈부하는 풍조가 노인들의 생활을 얼마나 갑갑하게 만들고 있는 걸까요?

나이만으로 측정하는 것이 아니라 개개인의 인지 능력, 운전 능력을 더 꼼꼼하게 확인하며 대응해 나가는 것이 나이듦과 자동차 운전의 바람직한 연계 방식이라고 생각합니다.

나이가 들수록
마음에 생기가 넘치는 사람

최근 유행하는 뇌과학에서는 단순히 나이로만 마음의 발달이나 쇠퇴를 구분 짓는 사고방식이 주류인 듯합니다.

그러나 심리학의 관점에서 보면 그것은 오히려 고전적인 사고방식이고, 최근에는 그러한 소위 고정관념이라고 할 수 있는 유사학문적 견해보다 나이를 초월한 '개인'의 사고방식이나 삶의 방식이 더 주목받고 있습니다.

다시 말해서, 나이는 어린데 마음이 노화한 사람이 있는가 하면, 나이가 들수록 마음에 생기가 넘치는 사람이 있다는 것입니다. 이는 각자의 사고 습관이나 감정을 다루는 방식, 생활 습관 등의 차이에서 비롯되는 것이라는 심리학 연구가 활발하게 진행되고 있습니다.

'나이 드는 방식'에는 제법 큰 개인 차가 있다는 것이죠.

이 책에서는 어떤 사고방식이나 삶의 방식이 잘 늙는 데 유리한지, 그리고 어떻게 하면 행복한 고령기를 보낼 수 있는지를 자세히 살펴보려 합니다.

우아해질 것인가
볼품없어질 것인가

최근 심리학에서는 '성공적인 나이듦(successful aging)'이라는 사고방식이 주목받고 있습니다. 문자 그대로 '나이가 들수록 잘 되는 일이 늘어난다', '나이가 들수록 인생의 충실감이 더 높아진다'는 의미인데, 다른 동물과 달리 나이가 들수록 판단력이 높아지고 기민해지는 인간의 특성이 주목받고 있는 것입니다.

다시 반복하지만, 인간이란 나이가 들어갈수록 무언가를 잃기만 하는 존재가 아닙니다. 잘 발달한 대뇌 신피질이나 편도체 같은 부위를 성장시키고, 능력이나 매력을 '높여 가면서' 나이가 드는 존재라는 점을 명심해야 합니다.

젊음을 유지하며 잘 늙어서 우아한 인생을 만들어 갈 것인가, 그저 서서히 볼품없어질 것인가. 이것은 인간의 나이듦의 특징을 아는지 모르는지, 그것을 어떻게 살릴 것인지에 달려 있습니다. 이 책에서 그 힌트가 될 만한 것을 가능한 한 많이 소개하려 합니다.

행복을 넘어
매일 더 성숙해지는 삶

'발달'이라고 하면 갓난아이부터 10대 정도까지 일어나는 과정이라고 생각하는 사람이 많지만, 그것은 어디까지나 신체적인 발달을 의미한다고 할 수 있습니다.

물론, 단순히 숫자를 많이 기억하는 것과 같은 기억력 등은 10대가 정점일지 모르지만, 감정을 다루는 법이나 인간관계, 인생관 같은 마음의 발달은 그 이후, 즉 20~30대부터 급격하게 일어납니다.

만약 어떤 심리학 교수가 18세까지의 인간의 마음의 발달에 대해 가르치고 "이것으로 발달 심리학 강의는 끝입니다"라고 말하며 교과서를 덮어 버린다면 그 교수는 가짜이거나 실례지만 공부 부족이라고 할 수 있습니다.

'인간'의 시작은 그 이후입니다. 발달 심리학이라는 과목은 20년 정도 전에 '생애 발달 심리학'으로 이름이 바뀌었지만, 제가 여러 대학에서 강의를 하며 이야기를 들어 보면 과거의 심리학 강의와 별반 달라진 것이 없어 실망할 때가 종종 있습니다.

일단, 대체적으로 어느 정도의 나이에 어떤 마음의 발달이 이루어지는지부터 살펴보겠습니다.

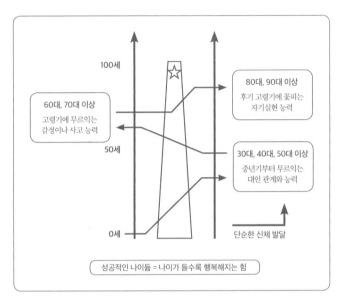

〈인간의 발달과 성공적인 나이듦〉

이 책에서는 크게 30대부터 50대를 중년기, 60대 이상을 고령기라고 구분 지었습니다. 그리고 60대 정도가 되지 않으면 가질 수 없는 마음가짐, 70대 정도가 되어야 도달할 수 있는 마음가짐 등과 같은 대략적인 기준을 연대를 좇아가며 정리해 나가려 합니다.

성공적인 나이듦, 행복하게 나이 드는 법이란 무엇인가를 생각할 때 참고할 수 있는 하나의 지표로 삼아 주시기 바랍니다.

나이가 든다는 것이 반드시 나쁘기만 한 것이 아니라 '나이가 드는 것도 나쁘지 않구나' 하고 받아들일 수 있기를 바랍니다.

· 1부 ·

늙는 것이 아니라
나다워지는 것이다

연령대별로 꼭 알아야 할 심리학

·1부·

늙는 것이 아니라
나다워지는 것이다

Successful aging

연령대별로 꼭 알아야 할 심리학

●

1장

30에 서로의 다름을 수용할 줄 안다면

A이면 B임에
틀림없을까?

어릴 때부터 20대 후반 정도까지의 특권은 뭐니 뭐니 해도 '순발력'일 것입니다. '이렇게 하면 잘 된다', '이렇게 하면 실패한다' 같은 공식이 머릿속에서 아주 쉽게 떠오르는 세대라고 할 수 있습니다.

심리 상담을 할 때만 해도 "이 약은 어느 정도만에 효과가 나타나나요? 이틀이면 되나요?" 같은 질문부터 "좋아하는 사람에게 어떤 식으로 고백하면 성공할까요?", "다이어트에 가장 효과적인 방법은 역시 굶는 건가요?" 같은 질문까지 'A를 하면 B가 됩니다'처럼 굉장히 간단한 답을 요구하는 경우가 적지 않습니다.

누구나 어리거나 젊을 때는 그런 법입니다.

극단적인 예를 들자면, 레몬처럼 신 과일을 쳐다보는 것만으로도(A를 하는 것만으로도) 금세 침이 나오는(B라는 결과가 도출되는) 것이 생물 반응의 기본이기 때문이죠.

물론 이것들은 단순히 생리 기능적인 현상이기 때문에 마음의 문제와는 떼어놓고 생각해야 하지만, 아무래도 10대나 20대 때는

'A이면 B임에 틀림없다'처럼 흡사 척수 반사(무조건반사의 한 종류로서 척수를 중추로 해서 일어나는 반사 작용)와 어딘가 닮은 듯한 즉각적인 사고방식을 취하는 경우가 적지 않은 듯합니다.

'나는 눈매가 날카로워서 사람들에게 미움받는 거야', '나는 뚱뚱해서 선생님에게 무시당하고 있어', '그래서 그 누구도 만나고 싶지 않아' 같은 비관적인 생각부터 '그 여자애랑 잠깐 눈이 마주쳤어! 걔도 날 좋아하는 게 틀림없어', '나는 어리니까 말도 안 되는 짓을 해도 괜찮아' 같은 근거 없는 낙관적인 생각까지 젊은이들은 너무나 다양한 'A이니까 B'의 세계에 살고 있는 것처럼 보입니다.

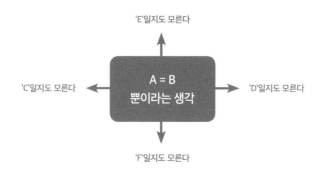

< 'A=B(A이니까 B)'라는 생각 >

혈기왕성한 세대. 10대와 20대는 이처럼 'A이면 B임에 틀림없다'라는 생각으로 가득한 세대라고 생각합니다.

따라서 젊었을 때는 A가 반드시 B가 되지 않을 수도 있다는 점을 쉬이 용납하지 못합니다. 열심히 노력했는데 시험 점수가 좋지 않거나, 친하게 지내고 싶은 친구들이 싸늘한 반응을 보이거나, 아르바이트 하는 곳에서 나보다 어린 친구가 일을 더 잘해서 기분이 나쁘거나 등등 '이럴 리가 없는데'라는 생각이 드는 상황을 마주하면 아주 큰 마음의 상처를 입습니다.

어른들이 아무리 "세상일은 그렇게 단순하지 않아. 사람들의 생각은 천차만별이니 조금 더 시야를 넓혀 봐"라고 말해 봤자 새겨듣지도 않습니다.

이것은 10대에게만 해당하는 이야기가 아닙니다. 대개 30세 정도가 될 때까지 'A=B'처럼 간단함을 추구하는 사고 습관은 계속됩니다.

'A=B'라는 사고방식에서
벗어나기 시작할 때

10대는 아직 마음이 조급합니다. 심리학자 에릭 홈부르거 에릭슨(Erik Homburger Erikson, 1902~1994, 미국의 심리학자로 정체성(identity)의 개념을 제창했다)의 발달 이론 역시 이와 완전히 일치하는 내용을 담고 있습니다. 그런데 최근에는 이 혈기왕성한 기간이 과거에 비해 더 길어졌습니다. 다시 말해서, 무려 서른을 코앞에 둔 나이가 되어도 이런 경향에서 완전히 벗어나지 못한다는 것이죠.

예를 들어, 상담을 하다 보면 "아이를 학대하고 있어요", "배우자에 대한 폭력을 멈추기 힘들어요" 같은 이야기를 안타깝게도 종종 듣습니다. 심리 상담사로서 저는 그들이 어떤 경험이나 심리 때문에 그런 일을 저지르는지를 다양한 방향에서 이끌어 내려고 하는데, 20대부터 30대 초기 정도의 젊은 세대는 아무리 시간을 들여 연구해도 이렇다 할 만한 이유가 보이지 않는 경우가 대부분입니다.

자녀나 연인, 가족에 대한 폭력을 그만두지 못하는 사람들은 주로 "열받아서요", "순간 머릿속이 새하얘졌어요", "때리는 게 맞다고 생각했어요" 같은 감각적인 말들을 반복합니다. 마치 자신의 마음속 깊은 곳을 들여다보기를 거부하는 것처럼 보이기도 합니다.

그런데 35세 정도가 되면 자신이 먼저 상대방에게 이유를 설명하려는 태도를 보이기 시작합니다. 다시 말해서, "열받아서 때렸어요"처럼 'A라서 B'로 끝내려는 사람이 훨씬 줄어듭니다.

제가 2001년부터 2012년까지 작성한 상담 일지를 살펴보면 '단순한 이유', '사정이 불분명함', '제멋대로임'이라고 적어 둔 케이스가 젊은 세대는 70퍼센트에 이르는 반면, 35세 이상의 클라이언트 중에는 그리 많지 않습니다. 다시 말해서, 35세 이상의 클라이언트들은 그런 충동적인 발언뿐만 아니라 개개인의 배경에 있는 다양한 사정을 상담사인 저에게 어떻게든 밝히려 하고 공감을 얻어 더 좋은 사람이 되고자 노력하는 경우가 많다는 것입니다.

자신의 행동이나 감정에 주목하고 거기에 존재하는 갈등이나 고통을 스스로 찾으려 노력하는 힘. 이것은 기본적으로 30대 후반이 되어야 비로소 얻을 수 있는 힘인 걸까요?

'A=B'라는 단순함에서 벗어나 '아니야, 반드시 그렇다고는 할 수 없어'처럼
다양성을 받아들이는 자세가 30대 이후에는 꼭 필요합니다.

종소리에 반응하는 '파블로프의 개'처럼

이미 들어 본 적 있는 분도 많겠지만, '파블로프의 개'라고 불리는 실험이 밝혀낸 것은 지금도 우리 생물에게 계속 이어져 내려오고 있는 감출 수 없는 모습일 것입니다.

'파블로프(Pavlov)'는 러시아의 저명한 생리학자의 이름입니다. 그는 자신의 개를 연구 대상으로 삼아 'A를 하면 B가 된다'는, 그때까지 그 누구도 말하지 않았던 근본적인 문제를 실제로 증명하고 논문화했습니다.

그 실험의 일부를 간단하게 설명해 보겠습니다. 여기에서는 현대의 20대까지의 사고방식과 심리를 파블로프의 사고방식과 결부시켜 가능한 한 간단하게 이야기를 진행해 나가 보려 합니다.

생리학자 파블로프는 먼저 개에게 개가 아주 좋아하는 고기 냄새를 맡게 했습니다. 개에게는 참을 수 없을 만큼 좋은 냄새입니다. 파블로프는 개에게 고기 냄새를 맡게 하고 즉시 종소리를 들려주는 아주 독특한 실험을 합니다. 정말 기발한 아이디어라고 생각합니다. 이것이 바로 제가 앞서 언급한 'A를 하면 B가 된다'를 실증하기 위한 실험인 것입니다.

파블로프의 개는 그 후 어떻게 되었을까요? '땡땡' 하고 종소리를 들려주기만 해도 많은 양의 침을 흘리게 되었습니다. '아, 이제 고기가 나오겠다'고 생각하는 것이겠죠. 바꿔 말하자면, 'A라는 사건(벨이 울리다)이 일어났으니 당연히 다음에는 B라는 사건(고기가 나오다)이 일어날 것'이라는 간단한 구조가 완성된 것입니다. 즉 '학습'이 성립한 것이죠. 이것은 전문용어로 말하자면 대연합(大聯合, 둘 이상의 사람이나 집단이 합하여 하나의 거대한 조직체를 만드는 것)이라는 학습 능력으로, 거의 모든 생물에게서 발견됩니다. 이것은 생리적으로 생각하면 당연한 관계입니다.

이 현상은 인간에게서도 발견할 수 있습니다. 특히 유소년기부터 10대, 20대의 젊은 세대에게서 두드러지게 나타납니다.

예를 들어, 아기는 이상한 냄새를 풍기는 아저씨의 기운이 느껴지기만 해도 불이라도 붙은 듯 울음을 터뜨립니다. 또 희한하게도 아기는 아주 높고 날카로운 여성의 목소리를 들어도 도망가려 한다는 것을 알 수 있습니다.

이것은 파블로프의 개 같은 동물적, 생리적 반응과는 조금 다르지만, 간단하게 말하자면 뇌 영역이나 감정이 정리되어 있다는 점에서 파블로프 이론과 굉장히 비슷하다고 생각합니다.

이처럼 'A를 하면 다음에는 B가 온다', 'A는 B다'라는 다양한 규칙은 오히려 어릴 때 더 방대하게 머릿속을 지배하고 있는 셈입니다. 어린 시절에는 좋은 일입니다. 그렇게 'A=B'라고 소박하게 인식함으로써 어지럽게 고민하거나 신경 쓰지 않고 무럭무럭 성장할 수 있기 때문입니다.

흥미롭게도 젊었을 때의 우리는 모두 '반사적으로 침을 흘리는 반응'뿐만 아니라 사고방식이나 마음속의 모든 것이 이 파블로프의 개와 비슷한 것처럼 보입니다.

편견이 심하고, 그 생각에 쉽게 얽매이는 존재

인지 심리학에서는 이러한 정보의 결합을 '뇌 내 네트워크'라고 부릅니다. 이 네트워크는 태아일 때에는 'A이면 B'처럼 간단했지만, 생후 나이가 들면서 점차 그 연결방식이 복잡해진다는 것이 밝혀졌습니다.

어릴 때에는 분명 'A를 하면 B가 된다'라는 단순한 정보를 간단하게 입력해 두는 것이 마치 공식 같아서 편했을 것입니다. 하지만 다른 동물들은 이 '대연합'이라고 불리는 일종의 생각이 다양한 경험에 의해 점차 사라지는 데 반해 인간은 계속해서 남아 있다고 합니다.

'A를 하면 B가 된다'는 단순한 인간관으로부터 벗어나지 못하는 이 경향이 20대 후반까지도 계속된다는 것이 증명된 것이죠. 다시 말하자면, 인간은 어렸을 적부터 '편견이 심하고', 성인이 되어서도 그 '생각에 얽매여' 무려 중년기에 접어들 때까지 이른바 '파블로프의 개'와 같은 상태에서 벗어날 수 없다는 것입니다.

이러한 경향이 잘못된 형태로 표출되면 "열받아서 때렸어요", "나도 내가 왜 그랬는지 잘 모르겠어요" 등처럼 폭력이나 스토킹 같은 공격성을 보이거나 자신도 모르게 불법 약물이나 술에 중독될 위험이 높아집니다.

간단함을 추구하는 경향이 강해서 충분히 생각하지 않기 때문에 충동적이라고도 할 수 있는 행동을 저지를 위험이 있는 것입니

'그건 그 사람의 생각이고 나와는 상관없는 일이잖아'라고
자신과 타인을 분리시킬 줄 알아야 자신의 인생을 살 수 있습니다.

다. 이러한 충동적이고 단결적인 사고방식을 가진 채로 30대를 맞이하면, 20대 때는 단순하고 편한 삶을 보냈을지 모르지만, 결국에는 해결해야 할 커다란 과제를 나중으로 미루는 꼴이 됩니다.

모두가 세상을 똑같이 살 수는 없다

따라서 'A라면 B이다' 같은 단순함에 지배당하는 것에서 벗어나서 '아니야, 반드시 그렇다고는 할 수 없어'처럼 다양성을 감각적으로 받아들이는 것은 30대 이후에 꼭 획득해야 하는 과제이기도 합니다.

심리학자 에릭슨은 중년기의 발달 과제(중년기에 달성해 두어야 할, 습득해 두어야 할 과제)로서 '가족'과 '생산성'을 꼽았습니다. 분명 결혼을 해서 가정을 이루거나 아이를 낳거나 동료가 늘어나는 등의 경험을 하면 우리는 A를 했다고 해서 반드시 B가 되는 것은 아니라는 점을 체험적으로 알게 됩니다.

막 태어난 아이가 부모의 바람대로 잠을 자거나 우유를 마셔 주지 않는 것은 지극히 당연한 일이고, 배우자나 그 가족과의 관계에 대해서도 '결혼하기 전과 다르다', '이럴 줄은 몰랐다' 같은 부정적인 감정을 느낄 때가 종종 있습니다.

그런 의미에서 30대는 '왠지 모르게 어렸을 때처럼 일이 쉽게 안 풀리네. 그때가 좋았지' 하며 스트레스로 가득한 삶을 보내기 쉬운 시기입니다.

그런 배경도 있어서인지 최근 30대는 가정을 꾸리고 싶어 하지 않거나 일도 한 직장에 얽매여 하기보다는 프리랜서로서 자유롭게 일하기를 희망하는 사람이 늘고 있는 듯합니다.

아무래도 현대의 30대는 일반적으로 그려지는 것만큼 자유롭고 안정적인 삶을 사는 세대는 아닌 듯합니다. 사실 최근 6년간 저에게 상담을 받으러 온 환자의 40퍼센트가 30대에서 40대 초반의 젊은 사람들입니다. 그들은 아직도 자신의 자리를 찾지 못하는 '질풍노도'의 시기를 겪고 있고, 정신이 매우 거친 상태에 놓여 있습니다.

특히 남성분들은 '뭘 하고 싶은지조차 모르겠다'는 생각 때문에 집에 틀어박히거나 도박이나 게임에 빠지기도 합니다. 우울증이나 공황장애로 괴로워하는 분들도 있습니다.

반면, 여성분들은 '꼭 결혼을 해야 할까?', '아이가 안 생기면 여자로서 실격일까?' 같은 고민을 털어놓습니다. 이분들 역시 심각한 우울증이나 강박증을 앓거나 '히키코모리(정신적인 문제나 사회생활에 대한 스트레스 따위로 인하여 사회적인 교류나 활동을 거부한 채 집 안에만 있는 사람)'가 되기도 합니다.

'남자는 정규직으로 일해야 한다.'

'여자니까 아이를 낳아야 한다.'

이것이 바로 'A는 B여야 한다'라는 사고방식입니다. 여기에 주위로부터의 압력도 더해져 도저히 벗어날 수 없는 상태가 되면, 결론부터 말하자면 30대를 낭비하게 됩니다.

만약 이런 고민에 빠져 있다면 'A이니까 B'라는 인생관에서 가능한 한 빨리 졸업하고 좀 더 다각도의 시점을 갖는 것이 중요합니다.

'모두가 그렇다고는 할 수 없잖아', '그건 그 사람의 생각이고 나한테도 해당하는 것은 아니잖아'라고 자신과 타인을 분리해서 바라보는 힘을 길러야 비로소 자신만의 인생을 살 수 있습니다.

나뿐만 아니라
남에게까지 관대해지는 여유

이처럼 30대부터의 과제는 나뿐만 아니라 타인에게 관대해지는 것이라고 생각합니다. 실제로 많은 사람이 그 과제를 극복해 나가고 있는 듯하지만, 유감스럽게도 그렇지 못한 사람도 있습니다.

30대에 접어들기 전까지 대다수의 사람들은 좋든 싫든 단순하게 살아왔습니다. 그 단순함은 순발력이나 행동력의 원동력이라고 할 수 있기 때문에 좋은 방향으로 작동시키면 활력을 가져다줍니다. 이것이 바로 젊음이 좋은 이유이기도 하죠.

하지만 30대가 되어서도 이러한 단순하고 얕은 관념을 버리지 못하는 사람이 적지 않습니다. 아니, 심지어 평생 질질 끌고 가는 사람도 사실 적지 않습니다. 뒤에서 자세히 설명하겠지만 일본인 중에는 어떤 일에 대한 다양성을 받아들이지 못하고 '100인가 0인가'처럼 극단적인 관념을 가진 사람이 적지 않다고 합니다.

이러한 관념을 갖고 살면 주변 사람에게 걱정이나 폐를 끼치는 일이 많아집니다. 그럼 무엇보다도 본인이 제일 힘들어집니다. 왜냐하면 그 상태로 나이가 들면 거의 무조건 정신 건강에 좋지 않은 영향을 미치게 되기 때문입니다.

늦어도 30대 때에는 이처럼 'A를 하면 B가 된다'라는 단순한 사고 습관을 벗어던지고 세상에는 다양한 사람이 존재한다는 점, 일이 잘 안 풀릴 때도 당연히 있다는 점을 실감하는 것이 중요합니다. 이 과정의 선행 여부는 50~60대 이후 급격하게 증가하는 우울증이나 신경증, 그리고 80대 이후 많이 관찰되는 치매의 진행에 깊게 관여합니다.

따라서 행복한 고령기를 맞이하고 좀 더 편안한 노후를 보내기 위해서는 늦어도 30대 중에 'A이니까 B'라고 단정 짓거나 스스로를 옭아매는 사고 습관을 벗어던져야 합니다.

'**A=B**'라는 단순한 사고에서 졸업하기

30세까지 'A=B'처럼 단순함을 추구하는 사고 습관은 계속된다.
이 같은 사고방식은 공격적이거나 의존적인 행동을 유발하는
방아쇠가 될 위험이 있는데, 어떻게 하면 좋을까?

POINT 1

○ 'A이면 B'라는 단순한 사고 습관이나 인생관에서 가능한 한 빨리 졸업하자.
○ 다각적이고 다양한 시점을 기르자.
○ 모든 사람이 다 그럴 거라는 보장은 어디에도 없음을 알자.

POINT 2

○ 나와 타인을 떼어놓고 바라보는 힘을 기르자.
○ 그것은 그 사람의 생각이고 나에게 반드시 적용되진 않음을 기억하자.

POINT 3

일이 잘 풀리지 않을 때도 당연히 있다는 점을 실감하자.

POINT 4

인간관계의 복잡성을 이해하자.

POINT 5

나 자신에 대해서도, 타인에 대해서도 각각의 '다양성'에 대해 관대해지자.

불안이 좀처럼
해소되지 않을 때

Q

나이 든 부모님의 건강 상태나 앞으로의 제 인생에 닥칠 이런저런
문제들을 생각하면 너무 불안해서 위축될 때가 있어요.

A

목욕하기, 가벼운 운동을 통해 땀 흘리기, 가만히 앉아서 생각하는
것이 아니라 어슬렁어슬렁 배회하면서 생각하기. 이런 행동을 습관
으로 들이면 과도한 불안감을 어느 정도 해소할 수 있습니다.

살다 보면 많은 사람 앞에서 발표를 할 때나 지금까지 해 본 적 없는
일을 부탁받았을 때처럼 마음에 굉장한 압력이 가해질 때가 있죠.

또한 훗날의 일을 생각하다 보면 이런저런 불안감이 엄습해 이유 없이 우울한 기분에 사로잡히기도 합니다.

그럴 때 혹시 이런 느낌이 들었던 적 없으신가요?

예를 들어, 왠지 모르게 몸이 거대한 무언가에 빨려 들어가는 듯하거나 두 발이 땅에 붙어 있지 않은 것 같은 느낌이 드는 것이죠. 갑자기 '여기가 어디지? 나는 누구지?' 하며 어지러움을 호소하는 분들도 있습니다.

이는 매우 정상적인 반응입니다. 실제로 우리는 마음이 불안으로 가득해지면 스스로는 미처 깨닫지 못할지도 모르지만, 내 몸이 마치 '내 것이 아닌 듯한' 감각에 빠지게 된다고 합니다.

이것은 조금 어려운 이야기인데, '여기부터 여기까지는 내 몸이고 여기부터는 내 몸이 아니다'라는 내 몸의 '윤곽'이나 외부와 나의 '경계선'이 희미해져 왠지 모르게 가볍게 들뜬 듯한 상태가 되는 이유를 오래전부터 심층 심리의 세계에서는 내가 타자로부터 스트레스를 받아 위협받고 있기 때문이라고 여기고 있습니다.

심리학에서는 이것을 '신체 감각(body image)의 희박화'라고 부릅니다.

기운이 넘치거나 자신감이 넘칠 때는 자연스럽게 '내 몸의 영역은 여기까지!'라고 느끼고 당당하게 지내게 되는 법입니다. 그러나 불안하거나 우울할 때는 '대체 내 몸은 어디까지일까, 어디가 경계선일까' 하는 생각이 들면서 신체 감각이 희미해져 버립니다. 이런 신체 감각의 희박화와 '자기'나 '자아(ego)'라는 심층 심리의 관계는 프로이트부터 흐름이 이어지고 있는 정신 분석의 세계에서 매우 중요하게 다뤄집니다.

따라서 불안하거나 우울한 감정을 일시적으로라도 떨쳐 내기 위해서는 자신의 몸의 경계선을 마음으로 확실하게 느끼는 것이 가장 쉽고 효과적인 방법입니다.

제가 클라이언트에게 추천하는 방법은 이 방법에 행동 요법이라는 사고방식을 접목한 것입니다. 다시 말하자면, 앞서 언급했듯이 자신의 몸을 의식하는 행동을 지속하는 것입니다.

(1) 가능하면 매일 욕조에 몸을 담가 따뜻하게 하기
(2) 적당한 운동을 통해 땀 흘리기를 하루의 일과로 삼기

이와 같이 대단히 특별한 것이 아닙니다.

불안감을 느끼는 분들은 이 방법을 통해 금세 효과를 볼 수 있기 때문에 호평 일색입니다. 답답할 때는 일단 욕조에 몸을 담가 보세요.

그럼 따뜻한 물의 온도와 그보다 낮은 자신의 체온의 차이를 원하지 않아도 놀랍도록 선명하게 느낄 수 있을 것입니다. 이것은 당신의 신체 감각, 신체의 윤곽을 확실하게 느끼는 가장 손쉬운 방법이될 것입니다. 가벼운 운동으로 땀을 흘리거나 걸으며 생각하는 것이 좋은 이유도 이와 원리가 비슷합니다.

머리로만 이해하는 '나이듦'이 아니라 늘 자신의 신체 감각을 되찾고 '나는 여기에 존재한다'라는 감각을 확실하게 붙잡는 습관을 들여 보세요. 목욕이나 산책은 몸의 건강에 좋을 뿐만 아니라 답답하고 불안한 감정을 떨쳐 내기 위한 중요한 의식이 되기도 합니다.

2장

나 자신과 깊이 마주하는 40 언저리

성공적인 나이듦을 위한
필수 코스: 자아 탐색

심리학에서는 '나는 다른 누구로도 대체할 수 없는 사람이다', '나밖에 할 수 없는 일이 있다'처럼 자신의 자리를 찾아내는 자세가 언제나 젊은 마음으로 새로운 것에 도전하는 인격을 길러 준다고 여깁니다.

심리학자 에릭슨은 그러한 '자아 탐색'을 통해 자기 자신을 확립하는 것을 '정체성(identity)'이라고 부르고, 청년기(사춘기)까지 정복해야 할 과제 중 하나라고 평가했습니다. 즉 성공적으로 나이 들기 위해서는 10대까지 자아를 찾는 여행을 마치고, 자신의 자리를 반드시 지켜야 한다는 것입니다.

에릭슨이 이 가설을 제창한 〈정체성과 라이프 사이클〉이라는 논문이 발표된 것은 1959년의 일입니다. 지금으로부터 약 60년 전의 청년이 그 과제를 해결했다면 현대의 젊은이에 비해 얼마나 견실하다고 할 수 있을까 하는 생각이 듭니다.

'안타깝게도'라고 해야 할지 '운 좋게도'라고 해야 좋을지 모르지만, 지금의 감각으로는 그런 정체성이 완성되려면 청년기뿐만 아니라 중년기 초기를 이미 지나친 40대를 기다려야만 합니다. 적어도 저의 임상 사례에 따르면 현대의 정체성 확립은 인생에서 꽤나 뒤로 미뤄져 있습니다. 현대인은 자아 탐색의 기간이 긴 셈입니다.

오히려 그만큼 느긋하게 사는 사람이 불안 신경증이나 강박적인 성격을 가질 위험이 낮아서 더 좋을 것이라는 점도 최근 심리학자들 사이에서 빈번히 논의되고 있습니다.

다시 말해서 60년 전의 성공적인 나이듦은 '청년기에 정체성을 갖는 것'이었던 데 반해 지금은 '중년이 될 때까지 느긋하게 자아를 찾는 여유를 갖는 것'이 더 행복하게 나이 드는 방법이라는 것이죠. 오히려 그 편이 더 행복하다는 듯 개념이 점차 바뀌고 있습니다.

10대 친구들을 상담하다 보면 이런 말을 종종 듣습니다.

"제가 설 자리가 없어요."

"저 같은 건 아무 쓸모가 없어요."

그래서 "아냐, 네가 있어야 할 곳은 분명히 존재해", "너는 꼭 필요한 사람이야" 하며 용기를 북돋아 주어도 더 쓸쓸한 표정을 지을 뿐입니다. '아무래도 어른들은 내 마음을 몰라준다'고 생각하며 마음을 더 굳게 닫아 버립니다.

저는 40대 중반에 접어들었는데, 돌이켜 보면 분명 중고등학생 때부터 20살 때까지는 그들처럼 묘한 쓸쓸함이나 고독함을 느꼈고, 왠지 모르게 늘 비뚤어져 있었던 것으로 기억합니다.

부모님이나 친구들이 조금만 싸늘한 반응을 보여도 '나는 쓸모없는 존재인 걸까' 하며 과하게 상처를 받았습니다.

친구들과 무리를 지어 놀러 가거나 대학교 동아리에서 함께 공부를 하다가 작은 말다툼이 일어나기만 해도 '사실 나는 걸리적거리는 존재인 걸까', '내가 설 곳이 어디인지 모르겠어' 등과 같은 생각으로 이유 없이 끙끙 앓았습니다.

이것은 젊은 사람들에게서 종종 발견할 수 있는 현상입니다. 지금에 와서는 '그땐 어렸지', '툭 하면 상처를 받았지' 하며 그때를 추억합니다.

혹시 여러분은 이와 같은 경험이 없으신가요?

질풍노도의 시기를
지나야 비로소 보이는 것들

그런 쓸쓸함이나 고독감은 젊음의 상징이라고도 할 수 있을 것입니다.

과거 심리학에서는 청년기를 '질풍노도의 시기'라고 평가했습니다. '마음이 한결같지 않다', '내가 누군지 모르겠다', '내가 설 곳이 어디인지 모르겠다' 같은 불안감 때문에 청년기는 머릿속이 온통 '어떻게 행동해야 좋을까', '나는 어디에 있는 게 좋을까' 같은 생각으로 가득합니다. 마치 미쳐 날 뛰는 바람과 거대한 파도 속에 서 있는 것과도 같습니다.

이 '질풍노도의 시기'는 아무래도 젊은 사람만의 특징이 아닐까 생각합니다. 그뿐만 아니라 20대 후반부터 30대를 넘어 취직도 하고 가정도 이루고 이른바 '어엿한 어른'이 되어도 심리적인 안식처를 찾지 못하고 평온한 마음을 유지하지 못하는 감각에서 벗어나지 못하는 듯합니다.

저는 현재 도쿄를 거점으로 상담이나 강연 활동을 하고 있지만, 홋카이도에서 오키나와까지 전국의 다양한 기업과 지방 자치 단

●

과거의 성공적인 나이듦은 '청년기에 정체성을 갖는 것'인 데 반해
지금은 '중년이 될 때까지 느긋하게 자아를 찾는 여유를 갖는 것'이
성공적인 나이듦으로 여겨집니다.

체에도 강연이나 상담을 하러 출장을 갑니다. 많은 분을 만나며 느낀 점이지만, 이것은 이른바 도시에 살기 때문에 생긴 '도시병'이 아니라 전국 방방곡곡에서 나타나는 현상입니다.

30대 중반이라는 중년기에 접어든 사람들은 아무래도 젊은 사람들처럼 "어차피 나 같은 건 필요 없잖아요" 하고 명확하게 표현하지는 않지만, "가끔씩 죽고 싶어져요", "어딘가로 사라져 버리고 싶어요" 같은 말을 하거나 "집에서도 제 자리는 없으니까요", "회사를 그만둬도 저를 대신할 사람은 얼마든지 있겠죠" 등처럼 그 말에 얼마만큼의 진심이 담겨 있는지는 모르겠으나 마치 상담사인 저의 반응을 '시험하는' 듯한 말들을 하는 경우가 늘고 있습니다.

이전에 없던 자기 확신이 움트기 시작할 때

40대부터는 지금까지는 없었던 자신의 자리에 대한 '확신'이 움트기 시작합니다. 이 현상은 30대 클라이언트와 40대 이상의 클라이언트를 명확하게 구분 지어 줍니다. 예를 들어, 30대와 40대 이상의 클라이언트들은 '우울증이나 신경증 같은 증상이 완화(병세에 차도가 있어 투약 등의 의학적 치료는 중지해도 좋은 상태)되었다고 진단받았을 때 두드러진 차이점을 보입니다.

40대는 "그것 참 다행이에요. 감사합니다" 하고 두 번 다시 상담을 받지 않는 경우가 많은 데 반해 30대 중에는 "그렇군요. 그래도 상담은 계속하고 싶어요" 하며 그 후에도 상담을 희망하는 분이 많습니다.

제가 1년 이상 심리 치료를 지속해 온 30대 클라이언트 290명과 40대 클라이언트 311명을 비교해 보면, 40대는 불과 9퍼센트가 지속적인 상담을 희망한 데 반해 30대는 무려 32퍼센트나 되는 분들이 "병이 나았더라도 상담을 정기적으로 받고 싶다"고 말했습니다.

참고로, 이 재상담 희망 수치는 20대가 35퍼센트, 10대가 38퍼센트였는데, 이런 측면에서 보면 30대는 청년기와 그리 차이가 없다는 점을 잘 알 수 있습니다. 이것은 30대까지의 클라이언트는 병은 나았을지 모르지만 '상담'을 통해서 안식처를 찾으려 하고, 상담에 과도하게 의존하는 경향을 보인다는 것을 보여 주는 수치라고 생각합니다.

병이 완전히 나은 듯 보여도 상담소에 몇 년씩 다니는 분도 많습니다. 30대와 40~50대의 중년 세대의 가장 큰 차이는 아무래도 여전히 '자신이 설 곳'을 찾는 소용돌이 속에 있다는 점일 것입니다.

다시 반복하지만 '나 같은 게 존재해도 되는 걸까'라는 근거 없는 불안은 남녀를 불문하고 30대까지의 특징인 듯합니다. 다시 말해서, 청년이라고 불리는 14~15세 정도부터 30대가 끝날 때까지, 즉 25년간 사람은 자신의 마음의 안식처를 찾으려 하고 자기 자신을 탐구하며 질풍노도의 시기를 보내는 것입니다.

그런 심리를 드러내는 듯한 경향(타인의 반응을 시험하고, 스스로를 비하하고, 자신을 쓸모없는 인간이라고 단정 짓는 경향)은 40대쯤 지나서야 비로소 자취를 감추는 것처럼 느껴집니다.

인생에서 꼭 만나야 할 세 명의 친구

인생에는 세 명의 친구가 필요합니다. 심리학자 하인즈 코헛

(Heinz Kohut, 1913~1981, 오스트리아 출신의 미국 정신과 의사이자 정신 분석가로 자기심리학과 자기애를 제창했다)은 '자기애'를 성숙시키기 위해서는 스스로를 떠받치는 기둥으로서 '세 방향의 벡터'가 필요하다고 제창했습니다.

자기애라고 하면 흔히 '나르시스트', '자기중심적' 같은 부정적인 이미지를 떠올릴지 모르지만 본래 그런 의미가 아닙니다.

자기 멋대로 생각하는 '자만'과 달리 '나는 타인에게 인정받고 있어', '나는 다른 사람들과 함께 어울려 살아갈 가치가 있어', '나는 사람들에게 좋은 영향을 주는 사람이야'처럼 주위로부터 이끌어내는 '인정받고 있다는 감각'을 가리킵니다.

지금까지 자아 탐색의 여행은 40대에 완성된다고 이야기해 왔는데, 이것은 바꿔 말하자면 '자기애 형성'이 완성된다는 말과도 같습니다.

40대는 자기애 형성을 위해 필요한, 코헛이 말하는 세 방향의 벡터, 즉 알기 쉽게 말하자면 세 명의 친구가 주위에 모여드는 시기라고 할 수 있습니다.

나의 말과 행동을 비춰 주는 _____
'거울' 같은 친구

세 명의 친구 중 가장 소중한 첫 번째 친구는 당신의 말과 행동을 그대로 비춰 주는 사람입니다. 코헛은 심리학의 조상 중 한 사람으로 여겨지는 프로이트의 고전적인 생각을 기반으로 유아기의 어머니와의 관계를 그에 비교하고 있습니다.

아기는 칭얼대면 엄마가 "어? 왜 그래?" 하며 곧바로 안아 주고 옹알이를 하게 되면 손뼉을 치며 기뻐해 줍니다. 걸음을 떼기만 해도 아주 기뻐해 주고 조금만 장난을 쳐도 "이 녀석, 왜 그런 장난을 치는 거야" 하며 상대해 줍니다. 이것이 바로 '있는 그대로를 비춰 주는' 행동입니다. 코헛은 이것에 '거울 벡터'라고 이름 붙였습니다.

그러나 최근의 육아 사정은 엄마는 엄마, 아이는 아이라는 '자주성, 자립성'이 사회적 상식으로 자리 잡았죠. 따라서 코헛이 생각하는 것처럼 24시간 내내 엄마와 아이가 함께 지내고 아이의 행동 하나하나에 대해서 "대단하다", "그럼 안 돼" 하며 즉각 반응하기가 사실상 어려워졌습니다. 따라서 유소년기에 획득해야 한다고 여

거지는 '거울 벡터'를 우리는 모자 관계뿐만 아니라 친구나 배우자와의 관계를 통해 메워 나갈 필요가 있다고 생각합니다.

물론 하루아침에 되는 일은 아닐 것입니다. 주변 사람 중에 '사실 이 사람은 나의 거울일지도 모른다'고 느껴지는 존재를 발견하려면 실패했을 때에는 도움을 받고 성공했을 때에는 함께 기쁨을 나누는 등 많은 경험을 축적할 필요가 있을 것입니다.

더 나은 내가 되도록
'야심'을 자극하는 친구

다음으로 중요하게 여겨지는 두 번째 친구는 당신의 의욕을 이끌어 내고 투지를 느끼게 해 주는 대상입니다. 코헛은 이것을 '야심 벡터'라고 부릅니다.

이번에도 유소년기로 되돌아가 비교해 보면, '야심 벡터'는 바로 '아버지'라는 존재입니다. 무엇이든 거울처럼 따뜻하게 비춰 주는 어머니와 달리 아버지는 아이에게 있어서 매우 훌륭하고 큰 산이고 엄격한 스승이기도 합니다. 그렇기 때문에 아버지처럼 되고 싶다거나 아버지보다 더 훌륭한 사람이 되고 싶다는 동경심을 느낀다는 것이 이 코헛 이론의 전제가 됩니다.

그러나 이 역시 최근 육아 사정에서는 풍조가 달라졌습니다. '아버지가 아이를 채찍질해서 야심을 기른다'는 관념은 아동 학대와 종이 한 장 차이(본래는 완전히 다른 성질을 가졌지만)라고 오해받기 쉽고 매우 민감한 문제가 되었습니다.

또한 코헛이 미국 정신 분석 협회에서 활발히 정력적으로 활동했던 1960년대와는 달리 지금은 저출산 시대입니다. 형제 여럿을 앉혀 놓고 아버지가 따끔하게 일갈하는 장면은 보기 드물어진 것이죠. 하나뿐인 귀여운 아이의 바람을 무엇이든 들어주는 자상한 아버지가 유행합니다. 때때로 다그칠 때는 있어도, 옆에서 보면 마치 아이의 하인처럼 '네, 네' 하고 따르는 아버지가 오히려 현대적이라고 할 수 있을 것입니다.

그렇다면 이론적으로는 유소년기에 형성되어야 하는 '아버지를 뛰어넘고 싶은 야심'은 더 나중에 서서히 형성되어야 합니다. '이 사람처럼 될 수 있다면 좋겠지만 지금은 그럴 수 없어. 왠지 모르게 분하네. 아니 나도 분명 할 수 있을 거야'처럼 당신의 마음을 심란하게 하는 라이벌, 즉 친구나 선배, 선생님, 상사 등과의 만남을 통해 야심이라는 이름의 동기부여를 스스로 만들어 나가는 것입니다.

이들은 스트레스를 느끼게 만드는 존재일지도 모르지만, 야심 벡터를 완성시키고 더 나아가 자기애를 형성할 때 꼭 필요한 대상이기도 합니다. 따라서 '눈엣가시' 같은 존재가 사실은 고마운 존재임을 이해하는 것은 인간의 발달상 꼭 필요하다고 이야기할 수 있습니다.

하지만 그런 깨달음의 경지에 이르기 위해서는 당연히 꽤 긴 시간과 인생의 경험이 필요합니다.

무엇이든 공유할 수 있는 '쌍둥이' 같은 친구

그리고 마지막으로 필요한 세 번째 친구는 당신에게 '나는 혼자가 아니야', '나와 똑같은 타인이 존재하는구나'라는 공동체 의식을 느끼게 해 주는 존재입니다. 코헛은 이것을 '쌍둥이 벡터'라고 부릅니다.

이를테면 '이 일은 쉽지 않네'라고 중얼거릴 때 '그렇구나', '어렵구나' 하고 거울처럼 비춰 주는 존재도 아니고, 그렇다고 해서 '그렇게 말하지 말고 열심히 해 봐', '나는 이렇게 극복했어' 하며 야심을 자극하는 존재도 아닙니다.

'나랑 똑같네. 나도 너무 어려워서 밤을 샜어', '나도 이건 못 하겠어'처럼 당신과 완전히 똑같이 공명해 주는 존재를 가리킵니다.

이 공명, 즉 쌍둥이와 같은 감각을 얻기 위해서는 먼저 자기 자신을 드러낼 필요가 있습니다. 하지만 이것은 생각보다 어려운 일입니다.

도저히 하기 힘든 일이지만 '할 수 있어요', '할게요'라고 말하지 않으면 재능이 없다며 버림받게 되는 환경, 기분이 침울할 때에도 긍정적인 사고를 요구받는 장소, 울고 싶어도 미소를 강요당하는 분위기 속에서는 도저히 쌍둥이 같은 존재를 얻을 수 없습니다.

자신의 나약함이나 무력감을 마음 편히 토로할 수 있는 막역한 관계. 그러한 관계를 쌓음으로써 사람은 비로소 자기 자신을 드러내고 '아, 나도 똑같구나' 하는 쌍자적 공감을 얻을 수 있기 때문입니다.

40대부터는 공감보다는 '어떻게 살아가야 좋을까?', '나에게 득이 될까?'처럼
구체적인 전략을 알고 싶어 하는 욕구가 높아지기 시작합니다.

심리 상담을 하다 보면 지금까지 설명한 '거울'이나 '야심'의 역할을 요구받을 때가 있는데, 20대나 30대 정도까지의 세대는 뜻밖에도 이 쌍자적 관계를 요구할 때가 많습니다.

예를 들어, "남자들은 아무도 저를 상대해 주지 않아요" 같은 말을 토로한 여성 클라이언트에게 과감하게 "저랑 똑같네요. 심리학자는 인기가 하나도 없어요. 얼마 전에도 남자한테 이런 말을 듣고 차였어요" 하며 편을 들어 줄 때가 있습니다. 심리 상담사가 그런 말을 하면 순간 놀란 표정을 짓지만, 한편으로는 굉장히 충실하고 온화한 분위기가 만들어지기도 합니다.

마찬가지로, '직장에서 내가 설 자리는 어디에도 없다'고 한탄하는 남성 클라이언트에게는 "저도 똑같아요. 저도 티브이에 출연하는 덕분에 학자들에게 바보 취급을 당하고 병원에서도 미움받고 있어요" 하며 과감하게 한술 더 뜨면 갑자기 신뢰감과 일체감이 높아져 심리 치료가 더 수월하게 진행되는 경우가 적지 않습니다.

젊은 분들이 트위터나 인스타그램 같은 SNS에서 얼굴도 모르는 사람들이 '좋아요'를 눌러 주길 바라고 그 숫자에 집착하고 신경 쓰는 것은 이 쌍자적 감각을 희구하고 있는 것처럼 보입니다. 실제

세계에서 이웃끼리 얼굴을 맞대고 진심을 털어놓고 함께 웃고 울면서 의당히 서로 표현하기 위해서는 아무래도 어느 정도의 성숙함과 자신감, 그리고 긴 세월이 필요할 듯합니다.

'인생의 정오'라고 불리는 나이, 40

심리학을 배우고 상담 일을 하는 사람은 누구나 경청과 공감을 중시합니다. 따라서 상대방의 사고방식이 잘못되었거나 상대방이 아무리 극단적인 말을 하더라도 "그 정도로 힘든 것이군요", "맞아요. 그 기분 저도 잘 알아요" 하며 모든 것을 수용합니다.

왜냐하면 일본의 상담은 미국을 좇아 기본적으로 '무조건 긍정적인 관심'을 표현하는 태도를 기반으로 하기 때문입니다. 이것은 심리학자 칼 로저스(Carl Ransom Rogers, 1902~1987, 미국의 심리학자. 클라이언트 중심의 상담법을 제창했다)의 '클라이언트 중심 치료법'을 대학 심리학부 초기에 배우고, 그런 수용적 태도가 실제로 환자를 치유하는 데 효과적임이 증명되었기 때문입니다.

그런 정중한 공감 방식을 천천히 지속하면 그 사람의 고민의 근간이 조금씩 보이기 시작합니다. 이처럼 "당신의 자리는 여기에요", "당신의 마음에 제가 다가갈게요" 같은 이미지는 특히 아이부터 30대까지는 매우 효과적이라고 생각합니다.

그러나 40대 이상의 클라이언트는 그것만으로는 부족함을 느낍니다. 그들은 "그래서 결과적으로 어떻게 해야 나을 수 있는지 알려 주세요" 하고 정답을 재촉합니다. 이것은 그들 세대의 대부분이 자신의 외로움이나 정처 없음에 공감을 얻는 것만으로는 만족하지 못하고, "그런 건 별로 중요하지 않아요. 그저 어떻게 하면 인생의 다음 단계로 나아갈 수 있을지가 궁금해요" 하며 전략에 관심을 갖기 시작하는 '발달'을 보이는 변화인 것입니다.

드디어 자아 탐색을 한차례 끝내고 자신의 자리를 유지하고 다음으로 나아갈 준비가 되었다는 뜻이죠.

심리학에서는 40대를 '인생의 정오'라고 부르기도 합니다. 정오라고 하면, 지금부터 무엇이든 할 수 있을 것 같은 느낌을 주는 아침의 햇빛은 지나갔을지 모르지만, 저녁 무렵까지는 마음을 놓을 수 있는 시간의 여유가 있죠. 따라서 지금부터 어떤 큰일이나 새로운 일을 시작하려면 시간적으로나 체력적으로 왠지 모르게 자신감이 떨어지지만, 그렇다고 멍하니 해가 지기만을 기다리며 보내기에는 아직 젊기에 막연한 초조함을 느끼기도 합니다. 말하자면 어중간한 세대인 것이죠.

그렇기 때문에 40대쯤부터는 갑자기 말로만 하는 공감보다는 '어떻게 살아가야 좋을까?', '이게 나에게 득이 될까?'처럼 구체적인 전략을 알고 싶어 하는 욕구가 높아지는 것처럼 보입니다.

제가 강연회에서 강조하는 '즐겁게 사는 심리학', '나를 찾는 심리학' 등처럼 자기 확립을 주제로 하는 강연회에는 20대 혹은 30대 분이 많이 오십니다. 그에 반해 '일에 도움이 되는 심리학', '인간관계에 유용한 심리학'처럼 곧바로 활용할 수 있는 노하우를 주제로 하면 40대 이상의 분들이 급증합니다.

다시 말해서, 40대는 공감이나 치유를 젊을 때만큼 더 필요로 하지 않고, 감각적으로는 이미 그런 것들로부터 이미 졸업한 상태입니다. 그보다도 솔루션(해결 방법)을 알고 싶어 합니다.

이것은 비로소 '불혹'이라고 불리는 나이를 넘어 자기 나름의 자리, 마음의 자리가 있다는 '정체성에 대한 확신'이라는 발달을 성공적으로 이룬 사람에게서 나타나는 현상입니다.

좋은 시절은
아직 오지 않았다

젊은 사람 입장에서 40대는 완전한 아저씨 혹은 아줌마이고 좋은 시절이 다 지나 버린 것처럼 보일지 모릅니다. 30대 분들 가운데서도 '40대까지 어떻게든 하지 않으면 뭐든지 늦을 거야' 하며 초조해하는 분들이 적지 않습니다.

물론 체력적인 한계나 의학적인 노화를 피할 수는 없습니다. 하지만 마음이 얼마나 충실한가를 생각해 보면, 비로소 '세 명의 친구'를 갖추고 있거나 그 존재를 깨닫고 흔들림 없는 자기애가 완성됩니다. 그리고 자신의 마음의 안식처가 보이고 드디어 자유나 해방감을 느낄 수 있습니다.

그렇게 오랜 질풍노도의 시기에 막을 내리고 자아 탐색으로부터 해방되어 자연스럽게 말하고 행동할 수 있게 됩니다. 유소년기나 청년기에 이러한 단계에 도달하기는 너무 어렵습니다. 현실적으로 40년의 계획이 필요하다고 생각합니다.

나이가 들면서 이런 감정들을 느낄 수 있다면 그 사람의 40대는 매우 창의적인 시간이 될 것입니다.

정체성을 찾고 자기 확신을 갖기

"심리적 안식처가 없어요", "마음이 진정되지 않아요"
30대부터 시작된 질풍노도의 시기를
40대에도 여전히 질질 끌고 있다면 어떻게 하면 좋을까?

POINT 1

○ 인생에서 꼭 만나야 할 세 명의 친구를 사귀자.
   ① 나의 행동과 말을 비춰 주는 '거울' 같은 친구
   ② 나의 성장을 도모해 주는 '야심' 같은 친구
   ③ 공동체 의식을 나눌 수 있는 '쌍둥이' 같은 친구
○ 세 친구를 통해 흔들림 없는 자기애(나의 존재 승인, 가치)를 성숙시키자.

POINT 2

자아 탐색을 통해 심리적 안식처, 즉 마음의 포지션인 정체성에 대한 확신을 갖자.

POINT 3

30대까지의 긴 질풍노도의 시기에 막을 내리고 자아 탐색의 여행을 완성시키자.

POINT 4

불안으로부터의 자유나 해방감을 느끼고 자연스럽게 말하고 행동해 보자.

POINT 5

미래 지향적인 솔루션을 모색하는 힘을 획득하자.

배움에 대한
흥미와 열정이 사라질 때

Q

해외여행을 위해 친구와 시작한 영어 회화. 꽤 시간을 들여 배우고 있는데 생각만큼 실력이 늘지 않아 흥미를 잃게 되었어요.

A

나이가 들수록 '노력보다 방법이 중요하다'라고 생각을 바꿀 수 있는 사람은 사물에 대한 흥미나 호기심을 잃지 않습니다.
사람은 두 가지 타입으로 나뉩니다. 하나는 '물량 타입', 다른 하나는 '전략 타입'입니다. 언제까지나 마르지 않는 호기심을 지속할 수 있는 사람은 '전략 타입'의 사람입니다.

'물량 타입'의 사람은 늘 "노력의 양이 부족해. 연습 횟수가 적어" 하며 분량에 신경을 쓰는 노력형입니다.

예를 들어 이들은 친구나 가족에게 장미꽃 한 송이를 선물했는데 별로 감동받지 않은 듯하면 다음에는 스무 송이로 늘려 봅니다. 그래도 안 되면 서른 송이로 늘려 보는 식이죠. 또한, 3시간 공부해서 좋은 점수를 받지 못했다면 다음에는 공부 시간을 6시간으로 늘립니다. 야구를 하는 사람이라면 시합에서 졌을 때 야구방망이를 수백 번 휘두르며 '분량'이나 '연습량'을 중시할 것입니다.

근면하고 근성이 있어서 몇 번이고 움직이고 반복하고 끈질기게 교섭합니다. 이것은 전후 고도 성장기를 지탱해 온 사람들(지금의 70대에 해당하는 사람들)에게 많이 보이는 경향이라고 생각합니다.

이런 타입의 사람들은 젊을 때는 힘이 넘치기 때문에 얼마든지 극복할 수 있고 크게 성공하는 경우도 적지 않습니다. 그러나 나이가 들면 체력 등이 저하되면서 점점 그 방식만으로는 힘에 부치게 됩니다.

이를테면, 재활만 해도 그렇고 새로운 취미에 도전하는 것도 그렇습니다. '일단 노력하자! 노력의 양을 늘려 나가 보는 거야!' 하는 마음만으로는 잘 되지 않습니다. 마음만큼 몸이 움직이지 않아 흥미를 잃게 되고 지속하기 위한 동기부여도, 호기심도 뚝 떨어지게 됩니다.

따라서 나이가 들면 '전략 타입'으로 전환할 필요가 생깁니다.

전략 타입은 분량이 아니라 '방식을 어떻게 바꿀 것인가' 하는 데 관심이 많은 타입을 가리킵니다. 그들은 장미꽃을 선물했는데 상대방이 별로 기뻐하지 않았다고 해서 그 수를 늘리지 않습니다. 그보다는 '타이밍을 바꿔 볼까?', '다음에는 먹을 것을 선물해 볼까?', '여행을 좋아할지도 몰라'처럼 다른 방법에 대한 생각으로 머릿속이 가득해집니다.

공부처럼 무언가를 배우는 일이나 취미가 마음처럼 잘 안 될 때에는 여러 번 반복하고 노력하기보다는 '책은 집이 아니라 카페에서 읽어 볼까?', '음악을 들으면서 해 볼까?', '복습은 걸으면서 머릿속에서 정리해 볼까?'처럼 자신이 기분 좋게 할 수 있는 전략을 하나둘 생각해 내고 바꿔 보는 것을 추천합니다.

나이가 들수록 '분량'에 집착하는 것이 아니라 '요령이나 방식'을 바꿔서 시도해 보는 것이 중요합니다. 이를 습관화하면 '좋아, 다음에는 어떤 방법으로 해 볼까' 하고 방법을 찾아내고 궁리하는 습관이 들어 게임처럼 즐길 수 있게 되고, 체력 소모 없이 흥미가 지속됩니다.

"이제 질렸어", "흥미를 잃었어"라고 말하는 물량 타입의 사람에게 "그렇게 말하지 말고 더 열심히 해 봐" 하며 그 경향을 더 부추기면 오히려 역효과를 불러옵니다. 그들은 아마 더 도망치고 싶어질 것입니다. 그들에게는 "이런 방법도 재미있어 보이는데 어때?", "이것도 시험해 보면 어때?" 하고 제안하는 편이 '좋아, 그럼 한 번 시도해 볼까?' 하며 호기심을 되찾는 데 도움을 줄 수 있습니다.

3장

50에는 무엇보다 느긋한 마음이 필요하다

나이듦을 즐기며
마음을 가꾸는 일

지금까지 살펴봤듯이 30대쯤 되면 'A이면 B' 같은 단순한 인생관을 졸업하고 인간관계의 복잡성을 받아들이는 힘이 생깁니다. 그리고 40대에 접어들면 자신이 있어야 할 곳이 어디인지가 명확해집니다.

이처럼 현대의 마음의 발달은 세상 사람들이 생각하는 것보다 훨씬 천천히 진행됩니다. 성인식을 맞이했다고 해서 갑자기 어른이 될 리 없고, 현실적으로 그렇게 될 필요도 없습니다. 그와 마찬가지입니다.

40대가 되면 "자, 이제 힘이 난다. 다음엔 어떻게 하면 더 잘 살아갈 수 있을까" 하고 미래 지향적인 솔루션을 모색하는 힘이 생깁니다. 이것은 자신이 설 곳을 찾은 세대의 특권일 것입니다.

조금씩, 자신의 나이에 맞는 나이듦을 의식하며 느긋하게 마음을 성숙시키는 사람이 인생 전체의 행복도가 더 높습니다. 또 고령기까지 생기 넘치는 정신 건강을 유지할 수 있습니다.

잘못 생각하면
자기혐오에 빠지기 쉬운 50대

그런데 50대를 맞이하면 세상의 시선이 달라집니다. 일반적으로는 은퇴까지 남은 시간이 수십 년일 것입니다. 여러 가지 직무가 주어지고 자신이 담당한 일뿐만 아니라 부하 직원의 교육이나 업무 인계를 요구받습니다. 업무상 가장 바쁜 시기이자 개인적으로도 정년 이후에 대한 걱정으로 생각이 많아지는 나이일 것입니다.

가정 내에서는 슬슬 자녀를 독립시켜야 하는 복잡한 '기로'에 선 나이이기도 합니다. 대외적으로도 왠지 모르게 갑자기 '인생 선배' 취급을 받기 시작합니다. 세상의 그런 시선으로 인해 정신적 피로와 압박을 호소하는 사람이 점차 증가하고 있는 것도 사실입니다.

그러나 과거의 50대와 현재의 50대는 신체의 건강도 마음의 에너지도 완전히 다릅니다. 지금까지 30대와 40대의 마음이 나이 드는 과정을 살펴보며 알 수 있었듯이, 현대를 사는 우리의 마음의 발달이나 성숙은 발달 심리학이 60년 전에 제창했던 이론보다 적어도 20년은 뒤처져 있습니다. 천천히 나이가 드는 시대가 된 셈이죠. 좋든 싫든 우리는 젊은 것입니다.

실제로 50대 분들에게 '다른 사람을 보살피기보다는 모험을 하고 싶다'든가 '앞으로 새로운 분야로 이직을 생각하고 있다' 같은 말을 종종 듣습니다. 이혼율이나 재혼율이 높은 것 역시 50대입니다. 우울증으로 인한 자살률, 자살미수율(특히 남성)도 50대부터 높아집니다. 다시 말해서, 50대쯤부터는 마음의 스위치가 말 그대로 갑자기 전환된다는 것을 알 수 있습니다.

다양한 직무를 경험하고 후배들을 위해 한 발 물러나 후진하기를 요구받는 세대. 아직 노성하다고는 할 수 없고 체력적으로도 능력적으로도 사실은 제일선에서 활약할 수 있는 세대지만, 주위 사람들의 시선도 달라지고 가정 문제도 증가합니다.

50대는 이처럼 가장 큰 딜레마를 안고 있는 세대가 아닐까요?

상담 사례를 살펴보아도 "남편도 아들도 제 수고를 알아주려 하지 않아요", "상사는 제가 얼마나 애써 왔는지 이해해 주지 않아요"처럼 일반적으로는 푸념처럼 받아들일 법한 발언을 반복한다는 특징이 있습니다.

제가 지금까지 상담한 51~57세의 클라이언트 211명의 발언을 정리해 보면 공통적으로 '분함', '초조함', '외부의 평가에 대한 불복'과 한편으로는 그와 모순되는 '자신감', '희망', '도전에 대한 의욕'

같은 배반 심리가 나타난다는 것을 알 수 있습니다.

마음이 복잡하고, 까다롭고, 분주하고, 어수선한 세대인 것이죠.

이런 심리가 교차하고 안절부절못하거나 답답해하거나, 또 어떤 때는 우울해하거나 끙끙 앓는 등 감정 기복이 심해 주변 사람에게 '왠지 모르게 껄끄러운 사람', '무슨 말을 해도 화를 내는 사람'이라고 여겨지기 쉬운 것 역시 이 세대의 특징이라고 할 수 있을지 모릅니다.

잘 나이 드는 법, 즉 '성공적인 나이듦(successful aging)'을 의식하지 않으면 울적하고 감정이 격해지기 쉽고, 주변에서 보기에 대하기 어려운 아저씨 혹은 아줌마가 되어 버립니다. 게다가 그런 사람이 되어 버렸다며 자기혐오에 빠지면 무엇보다도 본인의 정신 건강에도 심각한 악영향을 미칩니다.

인생을 재건축할 절호의 때가 50이라면

성적 역할, 젠더, 성적 매력에 대해서도 남녀를 불문하고 '나는 지금부터'라는 마음이 제법 큰 것 역시 50대의 특징입니다. 그런 심리적 배경 때문에 이혼이나 재혼을 해서 과감하게 새로운 삶을 사는 사람이 늘고 있는 것도 그 때문일 것입니다.

자녀가 사회적으로 자립하는 나이이기 때문에 50대가 되고 나서는 자신의 '재생(reborn)'이 과제의 중심에 자리 잡게 됩니다.

여성은 미용 성형이나 지방 흡입 등 과감한 안티에이징에 도전하는 사람이 증가합니다. '미마녀(美魔女, 재색을 겸비한 35세 이상의 여성)'라는 유행어가 있듯이 외모 가꾸기에 눈을 떠서 대변신하는 사람이 많습니다. 또한 50대 이후에는 조기 퇴직 후 해외 이주를 희망하는 사람도 늘어납니다.

30대, 40대와 달리 50대는 꽤 과감하게 인생을 파괴하고 재구축할 수 있는 세대라고 생각합니다. 일과 삶의 균형을 뜻하는 '워라밸('일과 삶의 균형'이라는 의미인 'work and life balance'의 준말)'이라는 유행어처럼 사회로부터 요구받는 책임을 적당히 다하면서도 자신의 시간과 인생을 중시할 수 있게 되는 것이죠. 이 워라밸을 실현한 사람들 중에는 50대로 보이지 않을 만큼 젊고 건강한 정신을 가진 사람이 많습니다.

조금씩, 자신의 나이에 맞는 나이듦을 의식하며
느긋하게 마음을 성숙시키는 사람이 인생 전체의 행복도가 더 높습니다.

그러나 한편으로는, 앞서 언급했듯이 이 나이대는 자살률, 자살 미수율도 결코 낮지 않습니다. 50대는 분명히 상하 인간관계, 빚, 이혼, 가정 문제 등 구체적이고 심각한 위기가 많은 세대입니다. 이런 문제를 하나하나 처리하면서도 어디까지나 자신의 인생, 자신의 구제를 중심축으로 삼는 것이 가장 큰 과제일 텐데, '파괴와 재구축'이 아니라 파괴로만 독주해서 지쳐 버리는 사람들도 안타깝지만 급증합니다.

내일 당장 회사를 그만두고 국수 가게를 열어 볼까?

말하자면, 이런 벽을 뛰어넘는 것이 50대에게 주어진 가장 큰 과제라고 할 수 있습니다. 실제로 40대 후반부터 50대 후반 정도의 클라이언트와 이야기를 나누다 보면 '내일부터 회사를 그만두고 배우자랑 국수 가게를 연다고? 너무 서둘러서 인생을 재설계하려고 하네' 하는 걱정이 들어 견딜 수가 없을 때가 있습니다. 너무 애를 쓰다가 탈진해서(번아웃 증후군) 마음의 병을 얻거나 자살에 이르는 경우를 많이 보아 왔기 때문입니다.

50대는 '지도자'로서 사회적 지위와 기대감이 올라가지만, 아직 마음도 몸도 젊고 일에만 집중하고 싶은 욕구가 강합니다. 사회나 가정에서 그런 딜레마를 겪으며 어떻게든 인생을 다양하게 '재구축'하고 싶은 마음에 들떠 있는 세대인 것이죠. 이 재건축의 성공 여부는 자신의 소질과 스트레스의 균형에 의해 결정된다고 할 수 있습니다.

심리학에서는 이것을 '소질 × 스트레스 모델'이라고 부릅니다.

소질이라는 것은 유전자에 의한 것이며 유소년기에 형성되는 성격이나 사고방식, 경험치, 가치관처럼 본인이 원래 갖고 있는 '마음의 성질'을 가리킵니다.

한편, 스트레스는 성인이 되어 겪게 되는 금전 문제나 인간관계, 가족 관계, 건강 문제, 사회적 불황처럼 본인의 상태와는 무관하게 외부에 존재하는 것을 가리킵니다.

이 두 가지 요인이 곱해진 값에 따라 우리의 마음은 들뜨거나 부풀고, 건강하거나 그렇지 못합니다.

소질	×	스트레스	=	결과
마음의 성질		외부 요인		문제 행동
유전자적 요인 성격 사고방식 경험치 가치관		금전적 문제 인간관계 가족 관계 건강 염려증		자살 폭력 칩거

위 그림을 보면 이 모델은 '곱셈'으로 이루어져 있습니다.

예를 들어, 이 세대에서 두드러지게 나타나는 '죽고 싶다는 절망감(자살 염려)'에 대해서 생각해 봅시다. 스트레스가 적은 환경(스트레스 5)에 있다고 해도 소질이 너무 부정적이거나 섬세하거나 쉽게 선동되는 타입(소질 100)이라면 자살 염려 확률은 단번에 치솟습니다.

반대로 큰 빚을 안고 있거나 일가가 뿔뿔이 흩어져 있는 상황에 놓여 있어서 스트레스가 최대치(스트레스 100)인 것처럼 보여도 '괜찮아. 어떻게든 될 거야'(소질 0)라고 생각할 수 있다면 자살을 염려할 필요가 없습니다. 왜냐하면 '100 × 0'으로 결과가 '0'이 되는 셈이기 때문이죠.

50대에 체득해야 하는 마음은 후자와 같은 느긋함, 부드러움입니다. 스트레스는 언제 어느 때든 엄습해 오는 법이기 때문에 결괏값을 '0'으로 만드는 것은 현실적으로 어렵습니다. 따라서 절망하거나 자살을 생각하는 '소질'을 '0'에 가깝게 만드는 것이 중요한 과제로 떠오릅니다. 마음이 좀 더 편안할 수 있게 생각하는 것이죠.

이것은 결코 무책임한 인생이 아닙니다. 자살을 시도하거나 이를 계기로 우울증에 걸려 사회나 가족의 지원을 지속적으로 받으며 평생 괴로워하기보다는 남이 보기에 태평하더라도 본인이 건강하게 살아가는 것이 훨씬 중요합니다.

이를 실현하기 위한 구체적인 방법은 나중에 소개하겠습니다.

자, 이 '소질 × 스트레스 모델'은 사실 세대와 무관하게 누구에게든 해당하는 것이라고 여겨집니다.

그러나 제 임상 사례나 연구에 따르면 이 특징이 가장 두드러지게 나타나는 것은 40대 후반부터 50대라고 생각합니다. 10~30대의 질풍노도의 시기를 어떻게든 보내고, 40대에 가까스로 자신의 자리를 발견하고, 고령층에 비하면 아직 마음이 미성숙하고 어떻게 살아가야 좋을지, 나는 누구인지 우왕좌왕하며 드디어 50대에 접어든 것이죠.

지금까지 다양한 분들을 만나 상담을 하며 느낀 점이지만, 성공 경험이나 좌절을 반복함으로써 본인의 소질(성격, 사고방식)의 윤곽이 또렷하게 드러나려면 적어도 40대 후반부터 50대 정도가 되어야 한다고 생각합니다.

그럼 이 스트레스를 어떻게 다뤄야 할까요?

여기서 제가 실제로 심리 치료에 도입한 후 20년간 데이터를 분석한 결과 꽤 효과적이었던 두 가지 방법을 소개하려 합니다.

'~일지도 모른다'고 생각하면 느긋해진다

쉽게 절망에 빠지는 사람들은 '무조건 그럴 거야', '100퍼센트 이렇게 될 거야' 혹은 '그건 절대 있을 수 없어'처럼 'All or Nothing(100이냐 0이냐)', 즉 일방적으로 단정 짓는 사고 습관을 갖고 있습니다. 이런 사람들은 스트레스에 취약합니다.

예를 들어 갑자기 상사가 '내일 할 얘기가 있으니 시간을 내 달라'고 했다고 가정해 봅시다. 이때 당신이라면 어떤 생각이 들 것 같은가요? 'All or Nothing'이라고 생각하는 사람은 이를테면 '아마 해고 통지를 받게 될 거야'처럼 단 하나의 가능성이 머릿속을 지배합니다. 또 아이가 원하는 학교에 입학하지 못했을 때 '우리 애는 평생 취직도 못하고 집에 틀어박혀 지내는 거 아니야?'라는 최악의 상상이 머릿속에 맴돕니다.

저는 종종 사람의 머릿속을 원그래프에 빗대는데, 이렇게 한 가지 생각으로 무언가를 단정 지을 때는 원그래프가 전부 검게 칠해진 상태라고 할 수 있습니다.

사람은 한 가지 가능성, 즉 '틀림없이 이렇게 되겠지'라는 단정에 지배당하면 마음을 아프게 하는 소질이 단번에 강해집니다. 잠을

못 자거나 초조해하거나 먹지 못거나 낙담하는 사람은 원그래프가 늘 한 가지 색으로 가득한 사람입니다.

저는 이런 마음의 버릇 때문에 우울증에 걸린 클라이언트에게는 원그래프를 '세분화'하는 연습을 권합니다. 이를테면 '해고 통지를 받을 것'이라는 생각이 100퍼센트를 차지하게 되었을 때 한번 멈춰 서서 생각하는 것입니다. '정말 100퍼센트일까? 그런 중요한 얘기를 갑자기 내일 할 가능성은 실제로 몇 퍼센트 정도일까'라고 생각해 보는 것이죠.

이처럼 서둘러 단정 짓기 전에 한번 멈춰 서면 감각적으로 원그래프의 5분의 1 정도에 해당하는 부분에 선이 생깁니다. 즉 해고 통보'일지도 모르지만' 그럴 가능성은 20퍼센트 정도일 것이라고 냉정하고 합리적으로 생각하는 것입니다. 그렇게 되면 머릿속의 원그래프가 온통 검은색으로 칠해지는 것이 아니라 80퍼센트나 되는 다른 가능성이 남게 되는 것이죠.

저라면 '그러고 보니 저번에 부장님이 에어컨이 고장 났다고 하셨지. 방을 옮기고 싶다는 얘기일 가능성이 15퍼센트 정도 있어', '아, 그러고 보니 부서 이동 시기구나. 그 얘기를 할 가능성도 15퍼센트 정도 되겠어' 하고 생각할 것입니다.

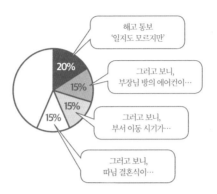

해고 통보
'일지도 모르지만'

그러고 보니,
부장님 방의 에어컨이…

그러고 보니,
부서 이동 시기가…

그러고 보니,
따님 결혼식이…

이렇게 벌써 15퍼센트 + 15퍼센트 + 15퍼센트로 총 45퍼센트의 다른 가능성으로 원그래프가 채워졌습니다.

'해고 통보임에 틀림없다'며 단정 짓지 말고 '아냐, 이럴지도 몰라' 하는 다른 가능성을 하나둘 생각해 보면 온통 검은색이었던 원그래프가 점점 색색으로 세분화될 것입니다.

젊을 때는 '분명히 이렇게 될 거야' 하며 선뜻 결정을 내리는 게 더 멋져 보일지 모르지만, 그런 사고방식이 50대 이후에도 계속되면 점차 마음이 피폐해져 버립니다. 조금만 스트레스를 받아도 절망에 빠지고 약해지거나 푸념이 늘고 급기야 마음의 병까지 얻을 가능성이 높아지거나 주변 사람에게 매몰찬 대접을 받기 쉬워집니다.

'All or Nothing'이라는 사고 습관 때문에 모처럼 시간을 들여 쌓아온 마음의 안식처를 잃어버리면 60대 이후 쓸쓸한 인생을 살게 될지도 모릅니다.

아무리 마음 쓰이는 일이 있어도 'ㅇㅇ때문일 수도 있어. 그럴 가능성이 30퍼센트 정도는 되겠지', '개선되지 않을지도 몰라. 하지만 아무것도 달라지지 않을 가능성은 고작 10퍼센트 정도일 거야'처럼 '~일지도 모른다'고 생각하는 기술을 익히는 것은 이 세대가 성공적으로 나이 드는 데 중요한 영향을 미칠 것입니다.

사람은 원래 다면적이고 복합적인 존재이기 때문에

우리는 누구나 나이가 들면서 어렸을 적부터 만들어 온 본래의 인격과는 멀리 동떨어진 곳에 '가면과 같은 성격'을 만들어 갑니다. 이것을 일본의 심리학 교과서에서는 '역할 성격'이라고 부르고, 유럽과 미국에서는 가면무도회에서 쓰는 마스크에 빗대 '가면을 쓴 나'를 '페르소나(persona)'라고 이름 붙였습니다.

참고로 '페르소나(persona)'라는 말은 '성격(personality)'의 어원입니다.

'유명인의 성격을 따라해 본다'거나 자신의 진정한 성격을 알고 싶다'는 말을 자주 듣는데, 이것은 자신의 마음의 축을 자세히 들여다보려 한다기보다는 다른 사람이 본 나는 어떤 사람인지, 나의 성격은 타인에게 어떻게 비춰지고 있는지처럼 굉장히 표층적인 흥미에 불과합니다.

40대 정도까지는 대부분 이 페르소나를 비교적 여러 개 갖고 있습니다. 아니, 가질 수밖에 없다고 말하는 편이 맞을 것입니다.

어떤 때는 '상사'의 페르소나. 어떤 때는 '부하'의 페르소나. 직장에서도 가정에서도 여러 종류의 페르소나를 요구받기 때문에 그때마다 '영업맨', '홍보맨'이라는 가면을 쓰고 '아빠' 혹은 '엄마'라는 가면을 씁니다. 또한 다른 학부모들과 함께할 때나 회사의 회식에서 흥에 겨울 때 등 상황과 장소에 따라 발 빠르게 페르소나를 탈착해야만 합니다.

언뜻 너무 힘들고 지칠 듯하지만 사실 젊을 때 강한 마음을 유지할 수 있었던 이유는 내키지 않아도 여러 개의 페르소나를 갖고 있었기 때문입니다. 이런저런 페르소나를 탈착하는 것은 곧 마음에 여유를 갖는 것과 마찬가지인 셈입니다.

예를 들어, '지금은 회식 부장으로서 바보 같은 짓을 하고 있지만 집에 돌아가면 아이들이 나를 기다리고 있을 거야. "아빠 어서 와!" 하고 달려와 안길지도 몰라. 그러니까 지금 이 순간을 극복하자' 하고 생각하는 것이죠.

저는 심리학자지만 예능 프로그램에 출연하기 때문에 일반 예능인처럼 무안이나 조롱을 당하는 것도 제 역할일지도 모릅니다. 하지만 '괜찮아. 이게 끝나면 학회에서는 학생들이나 연구자들이 나를 존경의 눈빛으로 바라볼 것이고, 녹화 시간 따위는 신경 쓰지 않고 열의를 다해 논의할 수 있을 거야' 하며 완전히 다른 페르소나로 살아가고 있는 셈입니다.

이처럼 페르소나가 여러 개 있으면 '지금 하고 있는 일이 잘 풀리지 않아도 괜찮을 거야', '질리거나 지치면 다른 페르소나로 바꾸면 되니까 괜찮아'라고 생각하는 습관이 생깁니다.

사회로부터 요구받는 것이 많아 스트레스가 가득한 50대. 부드럽고 냉정하게 자기 자신을 분석하는 것이 매우 중요합니다.

그러기 위해서는 지금까지 갖고 있던 페르소나 가운데 그저 하나에 속박되는 것이 아니라 '이런 나도 나', '저런 나도 나' 하며 오히려 가면을 더 늘려 나가려고 노력하는 편이 50대를 더 젊게 유지하며 성공적으로 나이 드는 방법이라고 생각합니다.

50대에 과감하게 '파괴와 재구축'을 할 것인가, 스스로 파멸해 인생을 단절시킬 것인가. 여기에서 그 차이가 생긴다고 생각합니다.

실제로 '당신의 페르소나를 다섯 개 말해 보세요'라고 했을 때 술술 말할 수 있는 사람 중에 우울증을 앓고 있는 사람은 없습니다.

아버지, 남편, 부장님, 노래방 마니아, 골프 마니아, 우표 수집 마니아, 철도 사진 마니아 등등. 이렇게 다양한 페르소나를 가진 분들은 아주 밝은 표정을 짓고 있습니다. 아마도 비관적인 고령기를 보낼 확률도 낮을 것입니다.

단정 짓지 말고 유연하게 생각하기

초조함, 답답함, 침울함, 어수선함이 번갈아 나타나
감정 기복이 심하고 쉽게 우울해진다면 어떻게 하면 좋을까?

POINT 1

과감하게 인생을 파괴하고 재구축하자.

POINT 2

나의 시간, 나의 인생을 중심으로 생각하고 문제를 해결하자.

POINT 3

마음을 느긋하고 유연하게 유지하고 스트레스와 타협하자.

POINT 4

쉽게 단정하지 말고 여러 가능성을 가정해 '~일지도 모른다'라고 생각하자.

POINT 5

나의 역할과 성격을 한정 짓지 말고 상황에 맞게 사용할 수 있는 '가면'을 늘리자.

'무엇을 위해 살고 있나'
의문이 들 때

Q

열심히 해 온 회사 생활도 장래성이 보이지 않기 시작했어요. 문득 무엇을 위해 매일 일하고 있는 걸까 하는 생각이 들 때가 있어요.

A

평소 대화를 할 때 '이렇게 되고 싶지 않아?' 하는 목적뿐만 아니라 '사람으로서 이렇게 되고 싶어' 같은 자세나 존재 방식, 삶의 태도에 대해서도 이야기하는 사람은 다른 사람에 비해 더 행복한 인생을 보낼 수 있습니다.

'자격증 다섯 개를 따고 말겠어', '건강해져서 10킬로미터 마라톤에 나갈 거야'처럼 '무언가가 되고 싶은 마음(wish to become)'만으로는 충만함을 느끼기 힘듭니다. 수치적으로 아무리 훌륭한 목표를 세워도 그것만으로는 '나는 무엇을 위해서 살고 있는 걸까' 하며 덧없음을 느낄 때가 언젠가는 오는 법입니다.

이것은 마치 고등학생이 재수해서 원하던 대학에 합격하자마자 공부를 완전히 그만두는 것과 똑같은 원리입니다. 또 서른 전에는 반드시 결혼하겠다는 목표 때문에 반강제로 맺어진 커플이 결혼식 후에 갑자기 애정이 식어 버리는 것도 이와 비슷합니다.

장기적으로 봤을 때 성공적인 나이듦을 위해 필요한 것은 결과만이 아닙니다.

예를 들어 '긍정적인 사람이 되고 싶어', '후회 없이 노력하는 내가 되고 싶어'처럼 '이렇게 되고 싶다는 마음(wish being)'에 대해서 늘 생각하는 것이 살아 있음을 더 잘 느끼기 위한 목표 설정 방법입니다.

그렇게 되면 설령 계획대로 잘 되지 않아도 '하지만 나는 포기하지 않았어', '나는 변명하지 않았어'처럼 또 하나의 버팀목 덕분에 다시 일어서고 원하는 목표를 향해 나아갈 수 있습니다.

'이렇게 되고 싶다' 그리고 '이렇게 존재하고 싶다'라는 두 가지 버팀목이 있다면 작은 실수에도 잘 무너지지 않는 마음을 가질 수 있습니다.

(1) 나는 어떻게 되고 싶은가?

(2) 그 목표를 이루기 위해 나는 어떻게 존재하고 싶은가?

이 두 가지 질문은 자동차의 양쪽 바퀴처럼 사람이 평생에 걸쳐 의욕적으로 살아가기 위해 꼭 필요합니다.

나이가 들면 '인간으로서 이렇게 존재하고 싶다'라는 젊고 푸른 의식을 잊기 쉽습니다. 무턱대고 결과만을 향해 움직일 경우, 일이 잘 풀리지 않았을 때 억울함을 느껴 버립니다.

주변에 그런 사람이 있다면 목표를 이루었을 때 '잘했네', '아쉽네'라고 말하기보다 의식적으로 '결과가 어떻든 네가 너무 멋져', '아무튼 네가 한 노력을 생각하면 감탄이 절로 나와' 같은 말을 해 줍시다.

인생의 진정한 목표를 되찾으려면 반드시 '이렇게 되고 싶다', '이렇게 존재하고 싶다'라는 두 가지 마음을 회복해야만 합니다.

4장

복잡한 관계 속에서도 평온한 60 너머의 삶

남자로서, 여자로서
매력을 잃고 싶지 않은 마음

　제가 여성 상담사이기 때문인지 특히 여성 클라이언트들은 제게 흔쾌히 마음을 열어 줍니다. 60대 여성 분들의 이야기를 듣다 보면 지금 안고 있는 남녀 관계, 연애에 어떻게 종지부를 찍어야 할지 몰라 혼란스러워 하고 있음을 실감할 때가 종종 있습니다.

　이것은 20대, 30대의 이른바 '연애 이야기'와는 성질이 다릅니다. 젊을 때는 '어떻게 하면 좋아하는 사람의 마음을 얻을 수 있을까?', '라이벌을 이기기 위해 내가 갖춰야 할 점은 무엇일까?', '저 사람은 무슨 생각을 하고 있는 걸까?' 같은 '획득(gain)' 의욕이 중심에 자리 잡고 있습니다.

　그러나 60대 클라이언트들의 이야기는 그와는 다릅니다. 오히려 '지금의 남편(혹은 아내)과 죽을 때까지 살아야지. 그런데 나는 그 정도의 가치를 가진 사람이었을까?', '남자(혹은 여자)로서의 나의 성적 매력은 이 정도였던 걸까?' 하는 '상실(loss)'에 대한 공포를 호소하는 분이 많습니다.

　이처럼 60대는 '남자 혹은 여자로서의 매력과 결별해야 하는 걸까? 아냐, 아직 내 마음은 그렇지 않아' 하는 마음의 기로에 서 있기도 합니다.

일본인은 대부분 현재의 부부 관계에 대해 '뭐, 결혼 생활이란 게 이런 거지' 하며 어느 정도 만족하거나 단념한다고 합니다. '정년 우울증', '정년 이혼' 같은 말도 나오지만 그럼에도 대다수의 부부는 시행착오를 거쳐 균형감 있게 서로의 거리감을 유지하며 하루하루를 보내는 경우가 많습니다.

현재 유럽과 미국 등지의 여러 나라에서 정년퇴직 후의 부부 테라피나 별거의 필요성을 느끼는 부부가 굉장히 많다고 합니다.

본인이 일정 정도의 행복감을 느끼고 있다면 그 심층 심리를 무리하게 자극할 필요가 전혀 없습니다.

다만, 저의 상담 경험상 60대에 접어들어 불면증, 우울증, 히스테릭한 신경증이 갑자기 생겼다는 분들의 이야기를 가만히 들어 보면 거의 무조건이라고 해도 좋을 만큼 남편 혹은 아내 이외의 상대에 대한 연애 감정이나 성적 감정을 느끼고 있음을 알 수 있습니다. 60대가 될 때까지 사회적인 자신의 모습이나 사회적인 생활을 유지하기 위해 노력하고 자신의 감정을 억누르며 지내온 탓에 그런 현상이 쉽게 나타나는 것인지도 모릅니다.

60대가 정년인 일본은 사회 제도에 의해 누구나 고분고분하게 생활 의식을 완전히 바꾸려고 노력합니다. 그러나 우라시마 타로(浦島太郎, 일본에서 가장 유명한 옛날이야기 중 하나로, 우라시마 타로라는 이름의 어부가 거북이를 구해 준 보답으로 용궁에 초대받게 되는데 3년이 지난 뒤 고향으로 돌아오자 인간 세상은 이미 300년이라는 세월이 지나 있었다는 내용이다. 외국에 살며 고국의 유행이나 화제에 전혀 끼어들 수 없는 상태나 최첨단 테크놀로지 세계를 따라잡지 못하고 뒤처진 세대를 자학적으로 표현한 말이다)처럼 어느 날 갑자기 60세가 넘어 있는 것은 아닙니다. 태어난 후 한 살씩 나이가 들어 정신을 차리고 보니 어느샌가 60세가 넘어 있는 것이죠.

따라서 아무리 사회 제도가 "네, 오늘부터 당신은 노인입니다. 편안하게 지내세요"라고 말한들 그 사람의 체력이나 호기심, 의욕이 갑자기 바뀔 리는 없습니다.

'연애하고 싶다', '남자 때문에 설레고 싶다' 같은 연애 감정에 대해서도 '이제 환갑인걸요. 졸업해야죠'라고 말할 필요 없습니다.

지금까지 살펴봤듯이 사람의 마음은 서서히 바뀌어 가는 것이 자연스럽고, 그것을 가능한 한 자연스럽게 받아들이는 것이 성공적인 나이듦의 핵심이라고 할 수 있습니다.

60대 부부라면
마주할 수밖에 없는 고민

60대가 넘으면 부부가 함께 집에서 보내는 날들이 계속돼서인지, 특히 아내의 짜증이 늘거나 에너지가 저하되는 '정년 우울증' 혹은 '정년 이혼' 같은 말이 유행했었죠.

일본 행정 기관의 조사에 따르면 현재의 60대가 20대였던 지금으로부터 40년 전의 평균 결혼 연령은 남자가 27세 전후, 여자가 25세 정도였다고 합니다. 지금처럼 마흔이 훨씬 지나 결혼을 하거나 '혼인 신고는 안 했지만 함께 사는' 관계는 상상조차 하지 못했던 시대였을 것입니다.

현재 60대 부부는 어느덧 40년 가까운 세월을 함께한 셈입니다. 열심히 자녀를 키우고 경제와 가사를 공유하며, 세상에 대한 체면 지키기, 다툼, 언쟁, 엇갈림 등을 수없이 반복해 온 것이죠. 인생의 3분의 2에 해당하는 시간입니다.

인간은 누구나 비슷한 사람과 너무 많은 시간을 보내면 정신이 피폐해진다는 사실이 밝혀졌습니다.

'앞으로는 우리끼리, 둘이서만 편안하게 온천 여행이라도 가자'
라고 말할 수 있는, 마치 드라마 속 주인공 같은 부부가 현재 일본
에 실제로 얼마나 존재할까요?

앞서 50대가 되면 이혼율이 증가한다고 말했는데, 40~50대 당
시에는 배우자와 큰 갈등 없이 평온하고 담담하게 60대를 맞이한
것처럼 보이는 부부가 오히려 다른 사람에게 사랑을 느끼거나 성
적 욕구가 억압당하는 경우가 적지 않은 것처럼 보입니다.

다음은 제가 과거에 상담했던 어느 여성 클라이언트의 이야기
입니다.

67세였던 그녀는 보기에는 매우 수수하고 평범한 중년 여성입
니다. 공무원인 남편과 함께 세 명의 자녀를 키웠습니다. 겉보기
에는 얌전한 여성입니다. 그녀는 상담소에 들어오자마자 숨을 헐
떡이며 저를 매섭게 쏘아보더니 화를 내기 시작했습니다.

자초지종을 들어 보니 그녀가 지하철역 동쪽 출구에 자전거를
세워 두었는데 철거를 당했던 것입니다. 자전거가 없어져서 깜짝
놀라 주변 사람에게 물어 보니 서쪽 출구에 있는 파출소에 가서 물
어 보라고 했다는 것입니다.

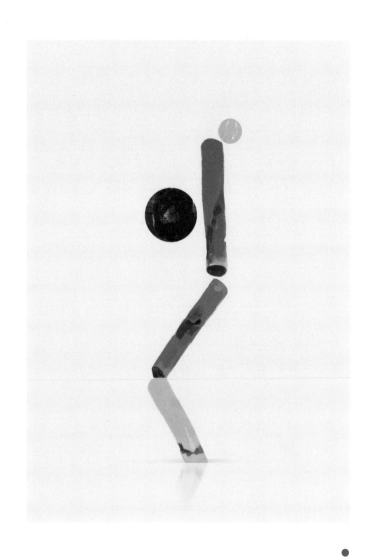

사람의 마음은 서서히 바뀌어 가는 것이 자연스럽고,
이를 자연스럽게 받아들이는 것이 나이듦의 핵심이라고 할 수 있습니다.

"그래서 저는 서쪽 출구로 달려갔어요. 그런데 서쪽 출구 주변에 있던 사람들이 '동쪽 출구에 물어 보라'고 하는 거예요. 그래서 또다시 동쪽 출구로 달려갔어요. 그랬더니 동쪽 출구 파출소에서는 '서쪽 출구로 가서 물어 보세요'라는 거예요. 그래서 저는 또다시 서쪽 출구로 달려갔어요. 그런데 그걸 반복하는 동안 패닉 상태에 빠져 숨을 쉴 수 없게 돼서 구급차에 실려 갔어요. 도대체 왜 이런 일을 겪어야만 하는 걸까요? 저는 어떻게 하면 좋을까요? 자전거는 어디에 있는 걸까요?"

심각하든, 사소하든 모두 중요한 고민이다

이분의 이야기를 듣고 놀란 분도 많으리라 생각합니다.

60대 숙녀가 심리 상담을 받으러 왔다고 하면, 대개 "사실은 아들이 오랫동안 집 밖으로 나가지 않고 있어요", "남편이 폐경색으로 갑자기 세상을 떠난 후 슬픔에 빠져 밥도 제대로 못 먹고 있어요" 같은 고민을 털어놓거나 이유가 명확하고 굉장히 심각한 이야기부터 할 것이라고 생각할지 모릅니다.

하지만 막상 클라이언트들은 세대를 불문하고 앞서와 같이 '자전거가 어디로 갔는지 모르겠다'처럼 별로 심각해 보이지 않는 이야기부터 시작할 때가 많습니다.

물론 그분의 진짜 고민은 '자전거를 찾으러 어디로 가면 좋을까'가 아닙니다. 고민의 근간이 무엇인지 알지 못하는 상태를 '마스킹 상태'라고 하는데, 상담은 대개 그런 이야기부터 시작합니다.

이것은 당사자도 깨닫지 못하는데, 지금 자신이 패닉 상태에 빠져 있는 것이 '정말로' 자신이 고민하거나 괴로워하는 근본적인 문제인지 아닌지를 알 수 없게 된 상태입니다. 이것은 60대에게만 해당하는 이야기가 아니라 어떤 세대든 이런 일은 왕왕 일어납니다.

따라서 상담을 통해 그 마스킹을 조금씩 벗겨 나가고 문제의 중핵을 찾아야만 합니다. 그리고 긴 시간에 걸쳐(저는 대개 상담 3회차에 핵심에 이를 때가 많지만) 반복적으로 클라이언트의 이야기를 들어 볼 필요가 있습니다.

꼭 심리 상담이 아니더라도 가족이나 주변 친구들이 귀찮아하지 않고 이야기를 잘 들어준다면 진정한 고민의 핵심에 더 빨리 다가갈 수 있을 것입니다.

60대에도
연애할 수 있다

대개 어떤 공통점에 다다르게 됩니다. 60대 분들을 상담하다 보면 '어라? 아무래도 이것도 결국 그런 이유 때문인 걸까?' 하고 생각할 때가 적지 않습니다.

이때의 '그런 이유'란, 연애 혹은 연애와 비슷한 남성에 대한 집착입니다. 제가 먼저 묻지 않더라도 갑자기 클라이언트 분들이 이야기를 바꿔서 '연애 고민'을 꺼냅니다.

제가 8년간 59세부터 62세까지의 클라이언트를 상담한 경험을 돌이켜 보면, 처음에는 완전히 다른 이야기를 하지만 사실은 마음을 답답하게 만드는 연애 고민 때문에 괴로워하는 경우가 남성은 약 30퍼센트, 여성은 약 45퍼센트나 됩니다. 꽤 높은 수치라는 생각이 들지 않나요?

'환갑을 넘어 남자 혹은 여자 문제로 고민하다니 보기에 안 좋다' 고 여기는 풍조 때문에 그들은 침묵을 지키지만, 편안하고 느긋하게 상담하며 심리를 분석해 보면 연애 고민의 비율은 성질은 다를지 모르지만 20대나 30대와 별반 다르지 않습니다.

젊은 사람의 연애 고민과 달리 배우자나 자녀, 손주가 있는 사람의 연애 고민은 '나이 먹고'라는 나이에 따른 차별(harassment) 풍조 속에서 편히 털어놓기 어려워 보입니다. 따라서 '붉은 하오리(일본에서 붉은색은 마귀를 쫓는 색으로 여겨져 옛날에는 배냇옷에 붉은 색이 쓰였고, 하오리는 아이들이 입는 소매가 없는 웃옷을 가리킨다. 일본에서는 '다시 태어난다'는 뜻을 가진 환갑에 '아이로 돌아간다'는 의미에서 붉은 웃옷을 선물하는 습관이 생겼다)'를 멋쩍게 입고 축하를 받은 60세 이후에는 세상 사람들의 시선과 본심 사이의 딜레마를 극복하는 법을 익히는 것은 매우 중요한 과제일 것입니다.

어떤 주제든 당당하게 이야기하라

앞서 67세 여성 클라이언트는 '자전거를 찾으려고 경찰에게 똥개 훈련을 당한' 이야기를 가족과 친구들에게 해 보았다고 합니다. 그런데 "그렇게까지 생각할 필요는 없잖아", "그냥 자전거를 새로 사면 되잖아", "뭐 그런 일로 화를 내는 거야" 같은 말을 들었다고 합니다. 뭐, 보통은 상대방의 입장을 헤아리고자 그렇게 달래려

하기 마련이죠.

하지만 저 같은 심리 상담사는 자전거 운운이 '진짜 문제'가 아닐 거라고 생각하기 때문에 임시방편 같은 말은 하지 않습니다. 상대방의 마음에 제동을 걸면 기분을 망칠 수 있기 때문이죠.

이 상담 사례가 인상적이었던 이유는 제가 아무 말 없이 고개를 끄덕이면서 그 이야기를 경청한 후 "참 큰일을 당하셨네요. 많이 지치셨죠? 갈 곳이 없으셨죠? 속상하셨겠어요"라고 툭 하는 한마디로 그녀의 마음을 달랬습니다.

그러자 그녀는 저에게 제 쪽으로 쓰러질 듯하며 갑자기 오열하기 시작했습니다. 저 역시 동요할 수밖에 없었습니다.

그런 말을 들은 것은 아마 처음이었겠죠. '이 사람에게는 이런저런 이야기를 해 보자' 하는 생각에 두 눈을 반짝이며 희망에 찬 듯한 모습이 인상 깊게 남아 있습니다.

다시 반복하지만 이것은 소녀의 이야기가 아니라 이제 곧 70세를 맞이하려 하는 숙녀의 이야기입니다.

그리고 4일 후에 그녀는 또다시 상담을 받으러 왔습니다. 이번에는 이전과 달리 씩씩한 모습으로 입을 열자마자 이렇게 말했습니다.

"저, 좋아하는 사람이 있어요! 남편이 아닌 두 명의 남자를 사랑하고 있어요. 그 두 사람도 저와 같은 마음이고, 양다리지만 잘 만나고 있어요! 그런데 그들도 배우자가 있어요."

이것으로 자전거가 동쪽에 있는지 서쪽에 있는지, 그리고 그때 그녀가 패닉 상태에 빠진 원인의 중핵이 보이기 시작했습니다.

그 후로 그녀와 더 이상 자전거 이야기는 하지 않았습니다. 대신 그녀의 인간관계나 가족 관계에 대한 이야기를 긍정적으로 들어주고 연애 감정을 정리하는 데 도움을 주었습니다. 그렇게 그녀는 조금씩 차분함과 생기를 회복해 나갔던 것으로 기억합니다.

그녀가 저에게 "이 나이에 다른 남자를 좋아해도 괜찮은 거죠? 그렇죠? 당당하고 싶어요"라고 말하며 악수를 청하던 모습을 지금도 잊을 수 없습니다.

육체적 보다 정신적 연결을 더 희구하는 세대

환갑(還甲). 환갑의 정의가 '다시 한번 태어나서 제2의 인생을 사는 것'이라면 그것은 심리학적으로 오해라고 할 수 있습니다. 왜냐하면 단순하게 똑같은 인생을 다시 '반복하는' 것은 결코 아니기 때문입니다.

60대 이후에는 분명 어떤 의미에서 다시 태어나고, 소년 소녀와 같은 친구 관계 혹은 연애 관계도 다시 왕성해집니다. 하지만 소년 소녀 때와는 '성질'이 완전히 다릅니다. 실제적이고 육체적인 접촉보다는 오히려 정신적, 신비적 인간관계를 희구하는 세대이기 때문입니다.

앞서 67세 부인의 예는 결코 드문 일이 아닙니다. 심리 상담 경험상 80대 혹은 90대 분들도 이렇게 풋풋한 감정 때문에 눈물을 흘리고 화를 내는 일이 결코 적지 않습니다. 인생, 평생 청춘이죠.

저 같은 직업을 가진 사람 입장에서 보면 '또야? 결국 사람은 심리적으로는 연애 문제로 돌아가는 걸까?' 하고 확인을 거듭할 뿐입니다. 하지만 이야기를 잘 들어 보면 '색이 바랬다'거나 '나잇값도 못한다'고 말할 일이 아님을 알게 됩니다.

환갑이 지나도 누구나, 얼마든지 사랑에 빠질 수 있습니다. 꼭 주변 남성이 아니더라도 아이돌에 갑자기 눈을 떠서 열광하는 사람도 적지 않습니다. 한류 드라마의 주인공이 아줌마들에게 큰 사

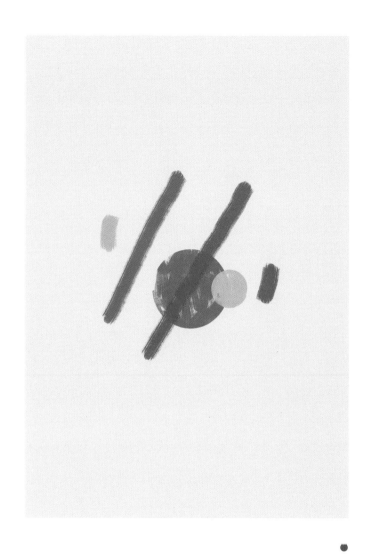

다른 사람과의 정신적인 관계가 얼마나 풍부한가는
60대의 성공적인 나이듦과 깊은 관련이 있다고 할 수 있습니다.

랑을 받는 현상이 대표적인 예라고 할 수 있습니다.

앞선 사례의 여성처럼 '양다리'나 '불륜' 이야기도 자주 듣습니다. 설령 그 관계가 육체적 혹은 체력적으로 이루어지지 않았다 하더라도 나이와 무관하게 마음의 에너지의 크기는 달라지지 않았기 때문입니다.

나잇값은 잊고, 본능에 충실하게 살자

심리학자 지그문트 프로이트(Sigmund Freud, 1856~1939, 오스트리아의 심리학자이자 정신과 의사로 정신 분석학의 아버지라고 불린다)는 인간의 근원적인 생명력은 '성욕(리비도(Libido))'이라고 단언합니다. 그는 수천 명을 대상으로 한 임상 실험 결과, 성을 욕구하는 현상은 아무리 나이가 들어도 달라지지 않는데, 나이가 들면서 이 리비도가 무리하게 억압당했기 때문에 우울증에 걸리거나 히스테릭해진다고 단언했을 정도입니다.

사회적 지위나 나이 때문에 특히나 심하게 억압받기 시작하는 시기가 60세쯤 아닐까요? 60대 클라이언트들의 이야기를 들어 보면, 그동안 억눌려 있던 욕구와 성적 본능이 아직 넘치는데 '환갑'이라는 것이 어떤 주문 의식이 되어 버린 것 같은 느낌마저 들 때가 있습니다.

현실적으로 '나잇값을 못한다'는 말을 들을 법한 연애 문제로 고민하는 60대 이상은 세상이 인식하는 것보다 훨씬 많습니다. 그리고 그런 사람은 본래 사회적으로 에너지가 넘치고, 충실한 인생을 보낼 수 있는 강한 영혼을 가진 경우가 많습니다.

일본에서는 이 점에 대한 인식이 너무 뒤쳐져 있습니다. 파리나 뉴욕에 가면 고령기 남성이 연애하는 모습을 일상적으로 마주칠 수 있습니다.

카페에서 70대를 넘긴 여성과 40대로 보이는 남성이 서로 지그시 바라보며 손을 잡고 있는 모습이나 노을이 지는 공원에서 노년의 남성이 연인과 포옹을 하고 있는 모습은 매우 아름답고 자연스러워 보입니다.

유럽이나 미국에서는 연애가 의식주처럼 여겨집니다. 실제로 남녀를 불문하고 60세 이상의 우울증이나 신경증 발병률은 일본의 20분의 1밖에 되지 않습니다. 사랑의 효과와 관계가 있다고 말할 수 있겠죠.

어쩌면 사랑은 마음의 특효약 같은 것이 아닐까요?

다른 사람(반려동물도 효과가 있다고 합니다)과의 정신적인 관계(연애뿐만 아
니라 우정, 동경, 친밀감, 그리움, 사랑 등의 감정을 느낄 수 있는 관계)가 얼마나 풍부
한가는 60대의 성공적인 나이듦과 깊은 관련이 있다고 할 수 있습
니다.

청년이든 노인이든 _____
누구에게나 비밀은 있다

70대가 되면 사랑의 힘을 일일이 발산하기보다는 남몰래 '감춰
두는' 편이 아름답다는 완고한 관념을 갖게 됩니다.

또한 '마음속에 간직해야만 꽃이 된다'는 제아미(世阿弥, 일본의 전통
가무극인 노를 완성한 예능인으로, 수많은 작품을 남긴 다작가이자 23부집에 이르는 예론서
의 저자이다)의 말처럼 옛날부터 일본에서는 '사랑은 크게 표현하는
것이 아니라 각자의 마음속에 있어야 비로소 아름다운 것'이라는

미학도 있습니다. 이런 경지에 다다른 사람의 70대는 굉장히 멋지고 성공적인 나이듦이라고 말할 수 있을 것입니다.

저의 상담 경험상 '다른 사람에게 말할 수 없는 비밀이 있다'고 대답하는 사람이 30대는 35퍼센트인 데 반해 70대는 98퍼센트나 됩니다.

심지어 젊을 때에는 스트레스나 의존증, 신경증을 유발하는 원인에 해당하는 다소 어두운 비밀이 많지만, 나이가 들면 질병과 관련된 비밀이 오히려 젊을 때의 절반 이하로 줄어듭니다. 자신의 병에 대해 무겁고 어두운 느낌으로 "비밀이에요"라고 말하는 것이 아니라 오히려 가볍게 표현하는 분이 많습니다.

앞선 대화의 예도 그렇지만 이런저런 감정들을 마음속에 간직한 채 왠지 모르게 듣는 사람을 놀리는 듯한 여력마저 보이는 듯합니다.

물론 나이만큼이나 힘든 일도 많았겠지만 70년을 살아 보면 좋은 의미의 '아무래도 좋다'는 귀찮음이 다양한 생각을 허용할 수 있는 감정으로 바뀌어 갈 것입니다. 말하고 싶지 않은 비밀, 병을 유발할 수 있는 비밀이 있어도 어떻게든 가뿐하게 헤쳐 나가는 방법을 익혀 나가는 것이죠. 그것이 바로 훌륭하고 성공적인 나이듦입니다.

 하지만 '그 나이 먹고', '분별력이 없어서야' 같은 말(저는 이것이 심리학적으로도 저주의 말이라고 생각합니다)을 입버릇처럼 하거나 그런 말을 주위 사람에게 지속적으로 듣는 사람은 그런 경쾌한 젊음을 찾아볼 수 없습니다.

 '마음속에 감추고 싶은 것', '비밀로 간직하고 싶은 것'은 '이건 비밀'이라고 스스로 정하기 때문에 즐거운 법이죠.

 평소 그런 비밀을 다른 사람에게 '그 나이 먹고' 같은 말로 거침없이 침범당하고 공연히 트집을 잡히면 점점 우울하고 무기력한 표정을 짓게 됩니다. 실제로 그런 환경 속에서 지내는 분들은 대개 침울하고 우울한 이야기를 많이 하기도 합니다.

 비밀이라는 심리는 지금까지 전 세계적으로 활발하게 연구되어 왔는데, 대체로 젊을 때의 비밀은 괴롭고 나이가 들수록 점점 시시해지는(싱거워지는) 경향이 있는 듯합니다. 그렇게 나이 드는 것이 말하자면 성공적인 나이듦이 아닐까요?

예를 들어 "저에게는 엄청난 비밀이 있어요. 호호호", "큰일났네. 이건 나밖에 모르는 일인데 말이야" 하는 감정을 '고민거리'가 아니라 유쾌하고 통쾌하게 느낄 수 있다면 누구보다 여유롭고 즐거운 70대를 보낼 수 있을 것입니다.

사랑을 마음속에
내재화할 수 있는 70대

유아기의 발달 심리학에 대해 살펴보겠습니다.

심리학자 도널드 위니캇(Donald Winnicott, 1896~1971, 영국의 심리학자이자 소아과의사로 모자의 관찰을 기반으로 한 발달 심리학을 전개했다)은 아이가 부모의 애정을 눈에 보이는 형태로 늘 체감하지 못해도 그것을 '내재화(실제로는 옆에 없어도 마음속에 그 존재나 애정을 상상하는 것)'하는 과정을 분석했습니다.

내재화라는 것은 애정하는 대상이 눈앞에서 사라져도 '아빠와 엄마의 사랑은 내 마음속에 있으니까 괜찮아'라고 생각할 수 있는 발달을 밀합니다.

해외에서는 종종 '애착 이불(safety blanket)'이라는 표현을 쓰는데, 사랑하는 대상이 늘 내 마음처럼 곁에 있어 주지 못할 때 아이는 어떤 대체물(이불, 수건, 인형, 의류, 장난감, 밥그릇 등과 같은 물건)에 집착해서 늘 몸에 지니고 다니는 시기를 거칩니다.

위니캇은 이것을 때로는 떨어져 있어야 하는 부모의 애정을 마음속에 내재화하기 위해 이불이나 수건 같은 물건을 대신 애착의 대상으로 삼는 것이라고 분석합니다.

그리고 늘 지니고 다니던 그 인형을 어딘가에 두고 오거나 잃어버렸을 때 개의치 않아 한다면 그것은 부모와 자녀 관계의 연결고리가 잘 형성되었다는 증거입니다.

엄마나 아빠가 옆에 꼭 붙어 있지 않아도 되고, 더 이상 인형에 집착하지 않는다는 것은 인형을 통해 부모의 사랑을 내재화했기 때문이라는 것이죠.

이것이 어린아이의 '자립' 과정을 잘 보여 주는 이야기입니다. 부모가 눈앞에 없어도 자신을 잘 돌봐 주었던 기억을 떠올리며 아이는 애착 이불을 손에 꼭 쥐고 그 애정을 마음속에 생생하게 느낄 수 있게 된 것입니다.

우리 스스로는 잘 의식하지 못하지만, 우리는 누구나 "왜 늘 함께 있어 주지 않는 거야!", "나를 혼자 두지 마!" 하고 분개하며 상대방과 충돌하는 것이 아니라 자신의 마음속에 상대방의 존재를 내재화하는 과정을 반복하며 씩씩하게 성인으로 성장해 왔습니다.

이런 과정은 그야말로 환갑을 넘어 어떤 의미에서 제2의 인생을 살고 있는 세컨드 러브 세대 역시 겪는다고 생각합니다.

상대방의 존재를 마음속에 내재화합니다. 사랑하는 사람과 매일 만나지 않더라도 그 사람이 준 사진, 편지, 작은 선물 그리고 나를 기쁘게 했던 말, 설레게 했던 행동처럼 어떤 생각이나 물건을 떠올리고 손으로 만지기만 해도 상대방의 목소리와 온도까지 마음속에 전해지는 연애는, 젊은 사람은 도저히 할 수 없는 대담한 행동입니다.

아무래도 젊은 사람들은 좋아하는 감정을 참지 못하고 곧바로 전화를 하거나 메시지를 보내 상대방을 구속하려고 하기 쉽죠.

젊을 때는 마음이 피투성이가 될 정도의 사랑을 사랑이라고 여기기 쉽습니다. 미래에 결혼을 해서 가정을 이루는 것처럼 연애 이후에 실제적인 목적이 꽉 차 있기 때문이죠. 융통성이 없고 신경이 날카로워져 있는 것이죠.

하지만 그런 사회적 역할로부터 해방되고 정신적으로도 편안해지는 70대. 설령 내 마음대로 되지 않는 사랑이라 해도 물리적으로 쫓아다니지 않고, 또 현재의 배우자와 큰 갈등 없이 생활을 유지하며 마음에 '사랑하는 마음을 내재화'할 수 있다면 얼마나 멋질까요?

폭넓은 인간관계를 추구하기

정년퇴직이 코앞으로 다가와 인생의 제2막이 시작될 무렵,
사회적인 역할에서 해방되고 정식적으로도 삶이 편안해지는 때,
복잡해지는 인간관계가 어렵다면 어떻게 해야 할까?

POINT 1

사회적 역할, 지위에 얽매이지 말고 나를 자유롭게 표현하기.

POINT 2

여자로서, 남자로서의 매력을 잃고 싶지 않은 자신의 마음 존중하기.

POINT 3

'그 나이 먹고' 같은 말로 자신을 괴롭히지 않기.

POINT 4

현재의 생활을 유지하면서 마음속에 비밀을 간직하고 발랄하게 지내기.

POINT 5

우정, 동경, 친밀감, 그리움, 사랑하는 마음 등 다른 사람과의 정신적인 관계를
풍부하게 하기.

'괜찮아'가 아닌
'왜?'라는 의문이 필요한 순간

Q

원래 책을 좋아했는데 요즘에는 읽고 싶은 책도 없고 다른 새로운
것들에도 좀처럼 흥미가 일지 않아요.

A

나이가 들어서도 호기심을 유지하는 사람에게는 어떤 공통점이
있습니다.

그들은 늘 '왜일까?', '신기하네'라고 생각하는 습관이 있습니다. 티
브이를 보거나 책을 읽거나 친구나 가족과 대화를 할 때 그저 멍하
니 흘려듣는 것이 아니라 적극적으로 '왜 그런 거지? 이건 이해가 잘

안 가네' 하고 마음속에 의문을 축적하는 사람은 호기심이 마르지 않습니다.

이 '비판적 사고(critical thinking)'는 젊을 때에는 누구나 왕성하지만 나이가 들수록 점차 옅어진다고 할 수 있습니다.

'사람이 둥글둥글해진다'라는 말처럼 나이가 들면, 성격이 온화해지거나 다른 사람을 용서할 수 있게 되는 좋은 면도 있지만, 그만큼 호기심이 옅어지고, 아무런 열의가 없어지는 부작용도 있는 것이죠.

뉴스나 신문을 읽을 때도 일일이 신기하게 여기며 '왠지 이상하다'고 딴지를 걸고 (나쁘게 말하자면) 남의 흠을 들추는 사람은 '조금 더 찾아보자'며 다른 책을 더 읽어 보거나 다른 사람에게 물어보거나 인터넷에서 검색을 해 보거나 강연회나 세미나를 들으러 가는 등 부지런히 모아 온 '불가사의'를 해결하기 위해 매우 활동적인 인생을 보냅니다.

만약 당신의 가족이나 배우자가 뭘 해도 재미를 느끼지 못하고 호기심이 사라졌다고 말한다면 이렇게 말해 보세요. "왜일까? 희한하네"라고 말이죠.

예를 들어, 요리가 잘 안 됐을 때, 꽃이나 채소를 심었는데 제대로 꽃을 피우지 않았거나 열매가 달리지 않았을 때 등 '괜찮아, 충분히 잘 하고 있어', '다 이런 거 아니겠어? 신경 쓰지 마' 등과 같이 흘려버리면 상대의 호기심이나 탐구심은 거기에서 멈춰 버립니다.

그러지 말고 "어라? 이상하네. 그때는 정말 잘 됐었는데", "희한하네. 이것은 연구해 볼 가치가 있겠어", "아버지답지 않네. 요령이 잘못된 걸까?" 하고 상대가 다시 한번 도전하고 싶어질 법한 말을 평소 다양한 상황에서 계속해 주세요.

그렇게 해서 비판적인 사고를 유도하는 편이 어떤 때든 안이하게 위로해 주는 것보다 '좋아, 다음에는 꼭 해내겠어!' 같은 동기부여와 호기심을 일깨워 젊음을 되찾을 가능성이 커집니다.

부정적인 생각에 사로잡혀
모든 의욕을 상실할 때

Q

뭘 해도 왠지 모르게 의욕이 없어요. 앞으로 마주할 연금 생활이나 건강 문제를 생각하면 긍정적으로 새롭게 무언가를 할 의욕이 일지 않아요.

A

인생은 뭐든 긍정적이어야 행복감이 높고 그런 사람은 몸도 마음도 젊은 법입니다.

하지만 부정적인 감정이 든다고 해서 무리하게 긍정적인 감정으로 바꿀 필요는 없습니다. 그럼 오히려 괴로워질 것입니다.

누구나 때로는 이유 없이 우울해지거나 슬픈 일을 겪어 어두운 감정에 사로잡히는 법입니다. 당연합니다. 인생은 긍정적으로 사는 것이 바람직하다고는 하지만 긍정적인 것이 '좋은 마음'이고 부정적인 것이 '어두운 마음'이냐고 묻는다면 그것은 또 다른 문제가 됩니다.

심리학에서는 어떤 감정이든 의미가 있고 감정에 우열은 없다고 전제합니다.

최근 '긍정적인 심리학'이라는 장르가 유행했을 때 그와 반대로 '부정적인 감정의 효용'에 대한 연구도 활발하게 이루어져 왔습니다. 부정적인 감정이 들 때 사람은 더 치밀하고 정확하게 일을 해낼 수 있다는 것이 다양한 실험을 통해 검증되고 있습니다.

이를테면 어두운 음악을 들어 부정적인 감정에 빠진 피험자 그룹은 대체로 계산 실수를 잘 하지 않고 글과 말이 냉정하고 논리적이며 '나에게 정말 필요한 것은 무엇일까? 나에게 필요한 것은 무엇일까?' 하는 철학적인 질문에도 답할 수 있다는 현상이 주목받고 있습니다.

다시 말해서 긍정적일 때 사람은 더 행복하고 밝지만, 부정적일 때는 더 깊고 차분하게 사고할 수 있다는 것입니다. 이를테면 오랜 투병 생활로 그야말로 구렁텅이(최악의 상태)에서 하루하루를 보내고 있는 분들이 오히려 인생의 진정한 의미나 자신의 인생에 대해 더 깊게 사색하고 새로운 경지에 이르는 경우를 자주 볼 수 있습니다.

부정적인 감정이 들 때 애써 거짓 미소로 자신의 감정을 속이지 말고 오히려 '어쩌면 내 인생을 냉정하게 마주할 수 있는 기회'라고 받아들이는 것을 추천합니다.

그럴 때야말로 '남은 인생에서 내가 아직 이루지 못한 것은 무엇일까? 가족에게 전해 두어야 할 것은 무엇이 있을까?' 같은 심오한 과제에 대해 차분하게 생각을 정리해 볼 기회인 셈입니다.

·2부·

사실 몇 살인지는
별로 중요하지 않다

Successful aging

_____

석세스풀 에이징 심리학

_____

5장

100살에도 변함없이 아름답고 당당하게

100살 이후의 삶을 꿈꾼
가쓰시카 호쿠사이

이번에는 여러분도 잘 아는 가쓰시카 호쿠사이(葛飾北斎, 1760~1849, 에도 시대 후기의 목판화가)의 이야기를 하겠습니다.

〈후가쿠 36경(富嶽三十六景): 가나가와의 거대한 파도(神奈川沖浪裏)〉라는 그림은, 그가 70대에 발표한 작품입니다. 그는 바람기가 있는 사람이라 많은 일화가 있는데, 특별한 생명력과 관찰력의 소유자입니다.

〈가나가와의 거대한 파도〉는 국제적으로도 'Big Wave'라는 이름으로 큰 호평을 받고 있는 그림입니다. 그런데 이런 대단한 작품을 그린 호쿠사이 본인은 70대에 이런 말을 했습니다.

"저는 90세에 회화의 최고의 경지를 끝까지 파고들어 100세에 신의 경지에 오르고, 110세에는 한 획 한 획에 생명이 머물게 할 수 있을 것입니다."

지금은 불과 70세의 애송이라서 이런 초라한 후지산이나 파도밖에 그릴 수 없지만 앞으로 30년 더 연마해서 100세가 되면 더 부감(俯瞰)적으로 관찰할 수 있도록 성장할 것이고, 한 획 한 획 더 생명력을 줄 수 있는 감각을 가지려면 100세 정도는 되어야 한다고 말한 것입니다.

스스로를 고무시키기 위한 말일지도 모르지만, 그는 정말로 장래를 그렇게 내다보고 나이 들기를 기대하고 있었던 것이 아닐까요?

100세 이후의 삶을 머릿속에 떠올리고 그때까지 하얗게 불태우겠다는 기개는 생명력 그 자체입니다. 호쿠사이의 〈가나가와의 거대한 파도〉를 보면 늘 '장수는 해 봐야 하는 것'이라는 생각을 합니다.

만년의 호쿠사이는 일하는 시간 외에는 거의 잠이 든 상태로 지냈지만 머릿속은 얼마나 바빴을까요?

70살이든 80살이든 누구에게나 처음이다

예전에 영광스럽게도 만담가 다테카와 단시(立川談志) 씨(라쿠고 다테카와류(도쿄에 있는 만담가 단체의 하나. 7대 다테카와 단시와 그 일문에 의해 창설되었다) 당주)와 대화를 나눌 기회가 있었습니다. 그때 당주의 나이는 73세였던 것으로 기억합니다.

"처음 뵙겠습니다" 하고 제가 인사를 올리자 옆에 앉으며 "저기 말야, 내 몸 전체에 암세포가 퍼졌대. 의사가 직접 보기라도 한 것처럼 지껄였다고"라고 말해 화들짝 놀랐습니다.

"내가 이제 일흔 셋이잖아. '처음 해 보는 노인'이라고. 자네는 서른 정도인가? 그럼 처음 해 보는 중년이겠지. 그렇게 제멋대로 구분 짓고 '네, 당신은 오늘부터 노인입니다' 하는 데 어떻게 익숙해질 수가 있겠어. 익숙해지고 싶지 않아" 하며 정말로 분해하듯 입을 삐쭉이며 말하는 것입니다.

그러고 보니 누구에게나 '첫 어린 시절'이고 '첫 중년', 그리고 '첫 노인'인 셈이죠.

나이를 기준으로 발달 단계를 한데 묶는 데 회의를 느끼고 '다른 70살들은 모르지만 나는 할 수 있다'고 말하는 기백에 이것이 그야말로 성공적인 나이듦이 아닐까 생각했습니다.

실제로 당주는 다테카와 시노스케(立川志の輔)를 시작으로 하는 일문뿐만 아니라 개그 콤비인 폭소문제(爆笑問題, 오오타 히카리와 타나카 유지로 구성된 일본의 코미디 듀오)나 강연가인 로쿠다이메 간다 하쿠잔(神田伯山) 씨 등에게 수백 번씩 만담을 들려주고 만담을 전수했다고 들

누구에게나 '첫 어린 시절'이고 '첫 중년',
그리고 '첫 노인'인 셈이죠.

었습니다. 건강이 안 좋아 몸져누워도 목에 핏대를 세우며 만담을
계속 이어 갔습니다.

'연소'라는 말이 머릿속을 스쳐 갔습니다.

도를 배우고 덕을 쌓는 일

초중고등학교 때 '도덕'이라는 과목이 있었죠. 오 헨리(O. Henry)의
《마지막 잎새》나 다자이 오사무(太宰治)의 《달려라 메로스》 등을 소
재로 '착한 일을 하면 반드시 보상받는다', '사람은 모름지기 다른
사람에게 착하게 굴어야 한다' 같은 것들을 배운 기억이 있습니다.

그러나 엄밀히 말해서 진정으로 도덕심이라는 것을 완성하려면
다양한 경험을 쌓아야만 합니다.

심리학자 로렌스 콜버그(Lawrence Kohlberg, 1927~1987, 미국의 심리학자로 도
덕성 발달 이론을 제창했다)는 아이의 도덕심의 발달을 연구한 일인자입
니다. 그가 중시한 '도덕심'에는 여섯 가지 발달 단계가 있고 그 내

용은 주로 '복종하는 것', '법과 질서를 지키는 것', '무엇이 옳은지 판단하는 것'처럼 개인을 넘어 집단에 충성을 다하는 마음에 대한 것입니다.

저는 학창시절 콜버그의 도덕 이론에 동의하는 부분이 많아서 '이런 감정을 아이에게 가르칠 필요가 있겠다'고는 생각했지만, 한편으로 일본인으로서 이 이론에는 '무언가가 부족하다'는 위화감을 느끼기도 했습니다.

'도덕'이라는 것은 고대 중국 사상에서 온 개념입니다. '도'를 배우는 것과 '덕'을 쌓는 것은 완전히 다른 개념이고, '도덕'이란 그 둘을 합친 말이라고 여겨집니다.

일단 도를 배운다는 것은 그야말로 콜버그가 제창한 바입니다. 즉 '충성심을 갖는다', '윗사람을 잘 대우한다', '약자에게 친절하게 대한다'처럼 사람이 지켜야 할 도리를 다하는 것을 가리킵니다. 콜버그는 복종이나 질서 같은 '도'를 강조하고 있지만 이것은 그 자신이 미국 출신이라는 점도 영향을 미치고 있는지 모릅니다.

윗사람을 공경하며
도리를 지키다

이 '도'를 배운다는 것을 일본인은 비교적 옛날에 터득했습니다. '석 자 물러나서 스승의 그림자를 밟지 않는다'는 옛말처럼 아주 엄격진 않더라도 부모를 공경하고, 선배를 존경하고, 스승을 황송하게 여기고, 상사의 체면을 세워 주는 것은 특별히 배우지 않아도 마음속에 뿌리 내리고 있는 감각이 아닐까 생각합니다.

예를 들어, 동일본 대지진 당시 지급되는 배식의 순서를 기다리고 눈이 내리는 혹한 속에서 질서 정연하게 줄을 서서 기다린 일본 노인들의 모습은 세계를 놀라게 했습니다.

그들은 자기 자신을 뒷전으로 하고 질서를 우선했습니다. 이 '도리'를 지키는 것이 당연하다는 관념은 나이가 들어야 비로소 '당연' 해지고 실천할 수 있는 기능이라고 생각합니다.

그런데 40, 50대 정도까지의 클라이언트는 저에게 "선생님, 하라는 대로 다 할 테니 꼭 낫게 해 주세요. 선생님뿐이예요"처럼 굉장히 겸손하게 도리의 '도'만을 중시하고 자칫 비굴할 정도의 자세를 취하려고 합니다.

자신은 치료를 받는 입장이니까 그렇게 하는 것이 도리라고 고지식하게 생각하는 것이죠. 또한 그렇게 해서 방법을 찾지 못하면 자신이 좋게 여겨지지 않거나 치료되지 않을 것이라는, 나쁜 의미에서의 '보상'이 어른거리고 있는 것인지도 모릅니다.

제 입장에서는 그만큼 저를 의지하고 신뢰해 주셔서 고맙기도 하지만, 어떤 종류의 압박이나 패색감 같은 감정을 느끼는 것 또한 사실입니다. 도덕의 '도'를 다하는 것은 일본인다운 미덕이기도 하지만, 때로는 답답한 분위기를 자아내기도 하는 듯합니다.

쓸데없는 참견이
행복을 낳는다

그런데 '도덕'의 또 다른 마음, 즉 덕을 쌓는 것에 대해서 우리는 잘 모릅니다. 젊을 때부터 '도'를 다했을지 모르지만 '덕'을 쌓는 것이 무엇인지 확실히 이해하지 못하고 살아온 셈입니다.

일반적으로 덕을 쌓는다는 것은 '선행을 쌓는 것', '착한 행실을 거듭하는 것'이라고 여겨지지만 핵심은 덕을 쌓는다는 것은 그로 인해 아무런 보상을 얻을 순 없지만 그저 다른 사람을 위해 하는 것이라고 생각합니다.

누구나 할 수 없는 경지의 일이라고 느껴질지 모르지만 사실 그렇게 엄숙한 일은 아니라고 생각합니다.

예를 들어, 한 60대 클라이언트는 어쩜 그렇게 저의 세계에 거침없이 들어오는 건가 싶은 말들을 하십니다. 심각한 섭식 장애를 겪고 있음에도 불구하고 "선생님, 밥은 잘 챙겨 드세요? 점심 안 드셨죠? 그럼 안 돼요. 과로는 안 돼요", "어? 치맛자락이 풀렸네요. 좀 꿰매 드릴 테니까 이쪽으로 와 보세요" 같은 말을 하며 주삿바늘 자국으로 가득한 팔을 저에게 내밀며 다가오기도 합니다.

다른 의사나 간호사에게도 "감기 조심해! 이 사탕이 효과가 있을 거야. 먹어 봐" 하며 반강제로 권하기도 해서 상담소가 웃음소리로 가득해질 때도 있습니다.

어렸을 적을 떠올려 봐도 빈터에서 놀고 있을 때 "이제 어둑어둑해질 거야! 슬슬 집에 가야지!" 하고 꾸짖는 것은 늘 나이 든 낯선 아저씨였고, "고로케 튀겼으니까 먹으러 와! 식으니까 빨리 와!" 하고 우리가 뛰놀고 있는 공원까지 일부러 와서 소리치는 분도 중년 이상의 아줌마 세대였습니다. 또 매일 아침 통학하는 길에서 안전하게 횡단보도를 건널 수 있게 손짓을 해 준 분도 아저씨 세대였던 것으로 기억합니다.

이처럼 일상적으로 덕을 쌓는 것을 당연한 행위라고 여기고 자신의 기쁨으로 삼고 '남을 돌보기를 좋아하고 참견을 잘하는' 마음의 여유를 가지려면 대체로 70대 이상은 되어야 합니다.

아무런 보답을 기대하지 않는 '덕 쌓기'라는 고도의 행복감. 이것을 손에 넣고 '도'와 '덕' 안에서 살아가려면 적어도 생후 60년 이상 다양한 사람들의 친절이나 냉대를 경험해야 한다고 생각합니다.

이런 측면에서 볼 때 콜버그가 제창한 '도덕성의 발달'은 어디까지나 서구의 것이고, 아시아권에서는 더 심오한 것처럼 느껴집니다.

저의 심리 상담 경험상 이처럼 덕을 쌓거나 괜히 참견하기를 좋아하는 분들은 밝고 생기가 넘치며 다른 사람들과 활발하게 소통해서인지 정신적으로 건강한 분이 많습니다.

반대로 노인성 우울증 같은 마음의 질병을 앓고 있는 분들은 대부분 "내 건 내 거야. 다른 사람에게 나눠 줄 수 없어"라고 생각하는 경향이 있습니다. 이기적인 물욕(옛날이야기로 말하자면 친절한 아저씨나 아줌마 옆에 사는 욕심 많은 영감)을 '절약'이라는 미덕 하에 혼자서 고집스럽게 그러안고 있는 사람이 압도적으로 많습니다.

설령 불행해서 우울증 등으로 입원할 수밖에 없었던 환자라도 "죄송해요. 폐를 끼쳐서", "선생님, 이거 별거 아니지만 받아 주세요" 하며 도덕의 '도' 쪽에 민감한 사람보다는 "손주 사진 보여 드릴게요. 선생님은 아이 없으시죠? 힐링이 될 거예요"라고 말하는, 도덕의 '덕'에 강한 사람이 더 빨리 병을 이겨 내고 퇴원을 앞당기는 것처럼 느껴집니다.

쓸데없는 참견은 늘 자기 긍정감을 유지하고, 다른 사람에게 도움이 되고 있다는 공헌 심리를 얻기 위한 비결이자 성공적으로 나이 드는 방법이라는 점을 통감합니다.

고립사,
고독사하지 않기 위해

60대 이후에는 연애나 가정 문제를 비롯해 인간관계의 복잡한 기로에 서기 쉬운데, 이 도덕성을 완성하면 큰 도움이 됩니다.

지금까지 관계를 맺지 않았던 사람들과 인사를 나누고 이야기를 공유하며
일상적이지만 깊은 관계로 나아가는 행동을 의식적으로 늘려 나가 보세요.

"모란병 잔뜩 만들었으니까 담아 갈 통 갖고 모여", "우리 집 매화꽃이 예쁘게 피었으니 도시락이라도 싸서 보러들 와. 술은 얼마든지 있으니까"처럼 손득을 따지지 않고 소통할 수 있다면 그 사람의 70대는 행복으로 가득할 것입니다.

다시 강조하지만 실제로 그런 분들은 피부결도 곱고 목소리도 젊습니다. 다른 사람에게 '보여지는 나'를 의식하는 습관이 배어 있어 자연스럽게 외모에 활기가 느껴지는 것이겠죠. 그리고 '누가 됐든 기쁘게 해 주고 싶다'는 마음의 활기는 상대방에게 감동을 주고, 무엇보다 그 '덕'은 온전히 자신에게 돌아옵니다.

'누군가가 나에게 무언가를 해 줘서 기뻤다, 고마웠다' 같은 은의는 그 사건을 계기로 '에피소드 기억'으로 축적됩니다. 에피소드 기억이란, 체험을 통해 무언가를 기억하는 것입니다.

예를 들어, 해외여행에서 겪은 일이나 야구 시합을 직접 보러 갔을 때의 기억은 에피소드 기억입니다. 이 '에피소드 기억'은 나이가 들면 들수록 젊을 때에 비해 더 깊고 풍성해진다고 알려져 있습니다. 남의 일에 참견을 하는 것 역시 기억에 새겨집니다.

'참견'하기를 좋아하는 사람이 갑자기 건강이 안 좋아져서 외출을 할 수 없게 되었다고 합시다. 그럼 어떤 우연한 계기로 '어? 그러고 보니 최근에 그 사람 잘 안 보이네', '그 사람 요즘 어떻게 지내고 있는 걸까?' 하고 주위 사람이 먼저 알아차리고 '참견쟁이 씨'를 궁금해하며 신경을 쓰게 됩니다. 그 결과 고독사나 고립사 같은 최악의 사태를 피할 수 있는 가능성이 높아집니다.

혼자서 보내는 외로운 노후가 싫다면 친구뿐만 아니라 별로 친하지 않은 사람, 관계가 그리 깊지 않은 사람에게도 조금씩 '쓸데없는 참견'을 늘려 나가 보세요. 그럼 당신의 마음이 젊게 유지될 뿐만 아니라 고독사나 고립사, 병마와의 고독한 싸움으로부터 당신을 지키며 나이 들 수 있을 것입니다.

조금 신랄한 말일지 모르지만, 당신이 정말로 약해졌을 때 가족이나 친척은 그리 믿을 만한 존재가 되지 못합니다.

그들에게 바지런한 참견을 기대할 수 있을지를 생각해 보면, 오히려 가족이나 친척 사이에서는 서로 책임을 떠넘기는 일이 많이 일어납니다. 그런 경우를 너무나 많이 보아 왔습니다. 가족은 생각보다 차가운 법입니다.

아이는 어렸을 때부터 부모가 자신에게 아낌없이 사랑을 베푸는 것을 '당연'한 일이라고 굳게 믿어 왔기 때문입니다.

따라서 가족이 생각보다 차가운 존재라는 점에 분노나 외로움을 느끼지 말고, '어쩔 수 없는 일'이라고 결론짓는 편이 좋습니다.

만약 전 세계가 가난을 겪고 있다면 부모가 자신에게 무언가를 베풀었을 때 '당연'하다고 여기기는커녕 '감사'하는 마음만이 기억에 남을 것입니다. 그러나 고도 경제 성장기를 거쳐 일본은 빈곤에서 벗어나게 되었습니다. 부모가 자녀를 뒷바라지하는 것을 누구나 당연하게 여기는 시대가 된 것입니다.

"왜 나만 부모님을 돌봐야 하는 거야?", "언니도 부모님한테 피아노 선물 받았잖아", "부모님이 너 집 살 때 돈 보태 주셨잖아", "그런데 엄마도 반지 잔뜩 있더라"처럼 물질적인 것으로 가족이 서로를 매도하는 모습을 저는 질리도록 많이 보아 왔습니다.

이것은 교육 방식이 잘못되었기 때문이 아닙니다. '그런 시대를 사는 사람들이구나' 하고 생각하는 것이 화를 내지 않고 넘길 수 있는 방법이라고 생각합니다.

70대 이후의 성공적인 나이듦, 그 열쇠는 '가족을 넘어선 타인과의 관계' 속에서만 찾아낼 수 있다고 해도 좋을지 모릅니다.

지금까지 관계를 맺지 않았던 사람들과 인사를 나누고 세상 사는 이야기를 공유하는 것처럼 일상적이지만 깊은 관계로 나아갈 수 있는 행동을 천천히 조금씩이라도 좋으니 의식적으로 늘려 나가 보세요. 분명히 상대방도 원하고 있을 거예요.

아무런 보답도 기대하지 않기

선행을 쌓고, 착한 행실을 거듭함으로써 덕을 쌓고자 하지만,
쓸데없이 참견하는 꼴이 될까 봐 두렵다면 어떻게 하면 좋을까?

POINT 1

선행을 베풀고 보답을 기대하지 않기.

POINT 2

가족은 생각보다 차가운 존재임을 인정하고, 이 사실에 분노나 외로움을 느끼기
보다 '어쩔 수 없는 일'이라고 결론짓기.

인생의 주인공이
누구인지 헷갈릴 때

Q

정년이 코앞이고, 아이들도 독립했고, 모든 일에 흥미가 떨어져 '계속 살아 봤자' 하는 생각이 들 때가 있어요.

A

인생의 주인공은 누구일까요?

'내 인생의 주인공은 나'라고 생각하는 사람은 인생의 막이 내릴 때까지 아무리 시시한 일이라도 행복을 느끼며 의욕적으로 도전할 수 있습니다. '나는 다른 사람에게 도움이 되고 있다'는 강한 공헌 심리를 느끼기 때문입니다.

심리학자 리처드 드샴(Richard deCharms)은 인간을 체스의 '말' 혹은 '말을 두는 사람'에 빗대 두 가지 타입으로 나누었습니다. 체스의 말을 '폰(pawn)', 체스를 두는 사람을 '오리진(origin)'이라고 부릅니다.

'폰'처럼 인생을 사는 사람은 스스로를 그저 말이라고 생각하는 버릇이 스며 있기 때문에 '어차피 노력해도 나는 그저 말일 뿐'이라고 생각합니다. 나이가 들수록 무기력해질 수밖에 없는 것이죠.

반대로 '오리진'처럼 인생을 사는 사람은 '말이 어떻게 움직일지는 내가 하기에 달렸다'라는 충실감을 느끼고 공격적으로 인생을 산다는 이론입니다.

심리학자 알프레드 아들러(Alfred Adler)도 말했지만 인간을 빛나게 하는 것은 '나는 다른 사람에게 도움이 되고 있다'는 공헌 감정입니다. 따라서 체스의 말을 스스로 두는 오리진형의 사람만이 '나는 이 사회에 도움이 되고 있다', '살아 있다'는 감각을 강하게 느낄 수 있는 것입니다.

당신의 주변에는 폰형과 오리진형 중 어느 쪽이 많은가요?

무엇보다 당신은 어떤가요?

이것은 어디까지나 '마음속'에서 주관적으로 정하는 것입니다. '의사나 정치가, 사장은 오리진형일 것'이라든가 '환자나 어시스턴트, 평사원은 폰형일 것'이다 하는 문제가 아닙니다.

이를테면 대기업의 사장 중에도 '경기도 나쁘고 정부의 경제 정책 때문에 경영이 힘든 거야'처럼 폰같이 생각하는 사람은 적지 않습니다. 경기나 정부가 체스를 두는 사람이고 자신은 체스의 말이 되었다고 생각하는 사람인 것이죠.

한편, 파트타이머라고 해도 '최근 시장의 움직임을 보면 앞으로는 분명 이런 니즈가 생길 거야. 다음 기획 회의 때 제안해 봐야지' 하며 오리진 같은 의식을 가진 사람도 많습니다. 아무리 나이가 들어도 젊어 보이는 사람들은 분명 이렇게 오리진처럼 생각하는 사람들일 것입니다.

참고로 제가 자주 가는 슈퍼의 계산원만 해도 두 가지 타입으로 나뉩니다. '적어도 이렇게 해 둬야 클레임이 안 들어올 거야', '점장님이 잔소리가 심하니까' 하며 마지못해 일하는 폰형의 사람이 있는가 하면, '길게 늘어선 줄을 빠르게 처리하는 것은 내 능력에 달려 있어', '작은 배려로 이렇게 효율이 올라가다니' 하며 오리진처럼 움직이는 사람도 있습니다.

어느 쪽이 더 생기 넘치고 공헌 심리를 느끼는가 묻는다면 당연히 '내가 하기에 달렸다', '주인공은 나'라고 생각하는 오리진형의 사람이라고 답할 것입니다. 인간관계, 일, 공부도 마찬가지입니다. 오리진형은 자신이 하는 일에서 보람을 찾기 쉽고, 도중에 무너지지 않고 오래 지속할 수 있습니다.

저는 기가 꺾일 듯할 때면 메모장이나 일기장에 '내 인생의 주인공은 나'라고 적는 습관이 있습니다. 이 방법은 클라이언트들에게도 추천하고 있습니다.

인생이 체스 게임이라면 나는 '말'이 아니라 '말을 움직이는 사람'이라고 스스로를 세뇌시키는 습관을 들이길 바랍니다.

침묵은 금이요,
웅변은 은이다?

Q

젊은 사람들을 보고 있으면 '나는 뭘 하고 있는 거야' 하며 조바심이
나기만 해요. 기분이 좀처럼 풀리지 않아요.

A

나이가 들면 성격이 느긋하고 온화해지는 사람도 있지만 반대로 작
은 일에도 조바심을 내고 화를 잘 내는 사람도 적지 않죠.
자신의 인생이 저물고 있다는 초조함이나 '나는 젊을 때 눈치가 있
었는데 요즘 젊은 친구들은…' 하며 가깝게는 가족에게, 또 자신을
돌봐 주는 젊은 간병인이나 간호사에게 세대 차이를 느끼고 갈등을

빚기도 합니다.

습관처럼 짜증을 내는 사람은 미간에 주름이 깊게 패여 있고, 입꼬리가 처져 있어 왠지 모르게 실제보다 더 나이가 들어 보입니다.

실제로 기분 나쁜 말을 들으면 곧바로 되받아치고 반론하는 습관이 있는 사람이 더 초조해하고 울적해한다는 연구 결과가 많이 나와 있습니다. 오히려 기분 나쁜 일이 생겼을 때 일단 30분간 가만히 아무 말도 하지 않거나 오히려 흘려들으면 초조해하는 체질에서 벗어날 수 있다고 합니다. 조금 의외죠. 하고 싶은 말을 다 해야 개운할 것 같은데 말입니다.

대다수의 실험에서는 실험자가 피험자에게 일부러 무례한 말을 하거나 대답하기 어려운 민감한 질문을 계속합니다(물론 나중에 이것은 실험이었다고 말하며 용서를 구하지만). 그리고 화가 났을 때 피험자의 반응과 그 후의 스트레스 호르몬의 분비량의 관계를 측정합니다.

40대부터 80대까지의 남녀를 폭넓게 조사한 실험에서 "당신, 너무 무례하잖아! 사과해!", "뭐야! 까불지 마!" 하며 곧바로 반박하거나 사과를 요구한 피험자(A타입)는 전체의 약 절반, "음, 그런가요?", "흠…" 하고 말거나 실험자를 거의 무시하듯 아무 말도 하지 않은 피험자(B타입)가 나머지 절반이었습니다.

실험 후 일주일이 지났는데도 '그때 일은 용서할 수 없다'며 여전히 화가 단단히 나 있고 스트레스 수치가 높았던 것은 뜻밖에도 '그 자리에서 곧바로 되받아쳤던' A타입의 사람이 압도적으로 많았습니다.

즉 호통을 치거나 짜증을 내면 오히려 스트레스가 쌓인다는 말입니다. 왜 그런 결과가 나왔는가 하면, 사실 사람은 화가 나거나 격분하면 그 말이나 그 상황이 오히려 자신의 기억에 선명하게 머물고, '도저히 용서할 수 없어. 몇 마디 더 해 줘야 하는 것 아닌가!' 하며 날이 갈수록 화가 더 많이 나기 때문입니다.

자신이 순간적으로 내뱉은 폭언이나 이성을 잃고 한 말이 상대방에게 전달되는 것 이상으로 자신의 멘탈에 다시 튀어 돌아와서 상처를 입히는 셈이죠. 그럼 자기 혐오에 빠지게 됩니다. 그렇게 초조함을 느끼는 악순환이 멈추지 않고 반복되는 것이죠.

기분 나쁜 일이 생겼을 때 그 자리에서 바로 되받아치고 싶은 마음은 이해하지만 성공적으로 나이 들기 위해서는 일단 "음…" 하고 말한 뒤에 30분 정도 침묵을 지키는 습관을 들여 봅시다. 이를 실천한 B타입의 사람들이 일주일 후에 뜻밖에도 화도 남아 있지 않았고, "제가 그런 말을 들었었나요?" 하며 잘 기억하지 못하는 경향을 보였습니다.

'침묵은 금이요, 웅변은 은이다'라는 말은 나이가 들수록 현저하게 드러나는 듯합니다. '이 사람은 건방지네', '이 사람은 왠지 느낌이 안 좋네'라는 생각이 들 때 그 사람을 강하게 타이를 필요는 없습니다. 그 말들은 나에게 다시 돌아와서 나를 지치게 하고, 상처를 입히고, 계속해서 초조하게 만드는 불씨가 되기 때문입니다.

멘탈을 온화하고 행복하게 유지하는 사람은 발끈했을 때 아무 말도 하지 않고 방치할 수 있는 사람입니다. 분명 그런 사람은 온화한 체질로 바뀌어 갈 것이고, '저 사람은 용서해 준단 말이지. 잘 참는 사람이니까 말야' 하며 주변 사람들도 오히려 무례한 말을 하기 어려워지는 법입니다.

6장

누구나 깜빡깜빡하며 산다

치매와 잘 지내는 법

신체의 노화로 인한 변화를 받아들이는 일

　대략 85세 정도가 되면 절반 정도의 사람이 건망증을 겪게 됩니다. 90대가 되면 불안감 때문인지 인간관계에 대한 고민보다는 가족을 먼저 떠나보낸 후 느끼게 될 고독감이나 치매에 걸린 게 아닐까 하는 걱정으로 상담을 받으러 오는 분이 많습니다.

　아무래도 85세가 넘으면 누구나 조금씩 기억 장애를 겪기 때문에(하세가와식 치매 스케일 테스트(간이 지능 평가 스케일로 치매 진단에 사용되는 인지 기능 테스트 중 하나)에 따르면) 이에 대해서는 어떤 의미에서 '안심'해도 좋다고 생각합니다. 당신 혼자만 의식이 흐려지는 것이 아니기 때문입니다.

　심장도 간도 오랜 시간 사용하면 점점 지쳐 문제가 생기는 법이죠. 뇌도 마찬가지입니다. 80년간 매일 열심히 움직였으니 지칠 만도 합니다.

　'오랜 시간 열심히 일하고 고민해 줘서 고마워.'

　지금의 상태를 당연하게 여기고 여유로움과 대담함을 느낄 수 있는 사람이 되어야 합니다. 그럼 '한심하다', '치매에 걸릴 바에는 죽고 싶다'며 끙끙거리고 비관하는 사람보다 주변 사람에게 더 사랑받는 성격을 가질 수 있습니다.

'건망증'이란 본래 '우스꽝스러운 일'이라고 생각하는 것이 밝은 성격을 갖는 비결이라고 할 수 있습니다.

젊은 사람도 마찬가지입니다. "너 또 교과서 안 가져왔어?" "응, 분명 A한테 빌려줬던 것 같은데, 정말 내가 빌려줬는지 잘 기억이 안 나" 하고 키드득 웃는 것처럼 말이죠.

그런데 일본 학교에서 하는 생활 교육은 조금 특수해 보입니다. 유소년기 때부터 그 물건을 왜 잊어버렸는지 생각날 때까지 추궁하거나 잊어버린 일 자체를 진심으로 반성하게 하는 지도 방침이 강하게 뿌리 내리고 있습니다. 그 때문인지 '생각이 잘 안 난다'거나 '기억이 없다', '자주 깜빡깜빡한다'고 하면 별로 대수롭지 않은 일에 대해서도 서로 흠을 잡고 깊은 반성을 요구하는 듯합니다.

그러나 나이가 들어 뇌를 많이 사용해서 피로가 쌓인 기억 영역에까지 매를 드는 것은 유럽과 미국의 사고방식으로 보면 기묘하게 느껴지기도 합니다.

제가 영국과 미국 병원에서 임상 연수를 받을 당시 치매라고 불리는 현상에 대한 수용 방식이 일본과 너무나 달라서 크게 놀랐던 기억이 있습니다. 그들은 일본처럼 치매를 어둡고 심각한 질병으로 받아들이지 않았습니다.

그들은 환자가 "음, 잘 모르겠어요" 하며 어떤 기억을 전혀 떠올리지 못해도 "아, 그러세요. 괜찮아요" 하며 미소를 짓습니다. 가족들도 무리해서 떠올리게 하지 않습니다. 숙련된 정신과 의사는 "잘 생각이 나지 않으면 잊어버려도 돼요. 필요 없었던 기억인가 봐요" 하며 마치 방해가 되는 기억이 사라진 것을 축하하듯 온화하게 대응합니다.

손주 얼굴도, 사위 이름도 잊어버렸지만

일본인은 앞서도 이야기했듯이 젊을 때부터의 엄격한 교육이나 타고난 꼼꼼한 기질 때문에 '건망증'에 대범해지기가 어려울지도 모릅니다. 하지만 이런 마음가짐은 멘탈의 명암을 좌우하기 때문에 보고 배워야 할 점이 수없이 많다고 생각합니다.

제가 '아주 긍정적인 치매 모임'이라는 이름으로 진행 중인 이벤트가 있는데, 그곳에서는 대개 이런 대화가 오갑니다.

"다들 점점 깜빡깜빡하게 돼서 큰일이죠."

"정말 그래요. 저는 손주들 얼굴도 구분을 못 해요."

"맞아요. 저도 사위 이름을 벌써 잊어버려서 '자네' 하고 적당하게 부르는 지경이에요."

그렇게 말하고 서로 온화한 미소를 지어 보입니다.

이 모임은 회를 거듭할수록 좋은 성과가 나오고 있습니다. 이처럼 '밝은 치매, 재미있는 치매'를 공유할 수 있는 환경 속에 있는 환자는 치매 외에 우울증이나 신경증 같은 합병증이 생길 위험이 거의 없는 것처럼 느껴집니다.

반면, 잊어버리는 것은 '큰 죄'라고 생각하는 분, 자신의 치매 경향을 감추려고 하는 분, 그리고 "나는 건망증 같은 것에 걸리지 않았어. 의식이 흐려지고 있는 게 아니라고!" 하며 심리 상담사나 간호사에게 강고한 태도를 관철하는 분들은 우울증까지 겪을 위험이 높고, 무엇보다도 늘 언짢은 표정과 태도를 보입니다. 그래서

인지 이런 분들은 일상생활을 할 때뿐만 아니라 정신적으로도 고립될 위험이 높습니다.

핵심은, '나이가 들었다'거나 '실패했다' 같은 이야기를 주고받은 다음에 곧바로 '정말 딱하다', '큰일이다' 하며 우울한 표정을 짓는 것이 아니라 아주 과장되게 '아이고! 하하하!' 하며 서로 어깨를 토닥이며 얼간이처럼 밝게 웃어 보이는, 영국인이나 미국인의 문화에 있는 게 아닐까요?

"밝게 웃고 잊을 건가요? 어두운 마음으로 잊을 건가요?"

기묘한 표현이지만 이것이 바로 치매 세대를 맞이하는 사람들의 '성공적인 나이듦'의 명암을 가르는 중요한 과제라고 생각합니다.

치매와 잘 지내고 싶다면 많이 대화하라

알츠하이머형 치매든 뇌의 노화에 따른 치매든 그 진행 속도를 늦추는 가장 큰 요인은 '대화의 양'이라는 사실이 최근 밝혀졌습니다.

아무쪼록 '휴, 어쩔 수 없네' 하고 웃으며 지내보세요.
그렇게 하는 편이 당신의 정서를 더 안정적으로 유지하는 데 도움이 됩니다.

일상적인 대화를 할 때만 하더라도 인간은 뇌 영역의 많은 부분을 사용합니다.

상대방의 이야기를 들으면서, 즉 상대의 이야기의 의미를 이해하면서 '다음에 무슨 말을 돌려줄 것인지'를 생각해야 하기 때문입니다. 이중 과제(dual task)를 처리해야 하는 것이죠. 인간은 머릿속을 완전하게 비우고 상대방의 이야기를 그저 쓰레기통에 던지듯이 휙휙 하고 집어넣기만 할 수 없습니다.

이것은 누군가에게 어떤 이야기를 할 때에도 마찬가지입니다. '상대방에게 내 이야기가 잘 전달되고 있는지'를 무의식중에 신경 쓰는 마음이 작동합니다. 인형을 보고 일방적으로 이야기하는 것과 다르게 뇌를 사용하는 것이죠. 따라서 이때에도 '할 말을 고르고 상대방을 이해시키려고 노력하는' 이중 과제를 알게 모르게 처리하고 있는 셈입니다.

이런 쌍방향 커뮤니케이션을 계속 하는 것은 매우 중요합니다. '어차피 할아버지랑은 말이 안 통하니까'라는 말과 함께 방치당하면 본래는 가벼웠던 증상도 갑자기 중증으로 발전하는 경우도 있다고 합니다.

여기에서 떠오르는 시가 한 편 있습니다. 여러분도 잘 아시리라 생각하는데, 26세에 요절한 시인 가네코 미스즈(金子 みすゞ)의 〈할멈의 이야기〉라는 작품입니다.

할멈은 그 후로 아무 말도 하지 않는다
그 이야기 참 좋아했는데
'이제 힘들어'라고 말하자
꽤 쓸쓸한 표정을 지었다

할멈의 눈동자에
낮은 산의 찔레나무 꽃이 비쳤다

그때의 이야기가 그립다
만약 이야기를 들려준다면
다섯 번이고 열 번이고 얌전하게
조용히 들어 줄 텐데

_〈가네코 미스즈 전집〉(JULA출판국)

작자의 '할멈'에 대한 깊은 애정과 '이야기를 더 잘 들어 줄 걸 그랬다. 할머니는 세상을 떠나 버렸지만 몇 번이고 고개를 끄덕이며 들어 주고 싶다'는 솔직한 회한과 사랑이 그려져 있습니다. 평범한 일상의 사건을 그렸지만 몇 번을 읽어도 마음이 쿵 하고 죄어 오는 희한한 시입니다.

이 '할멈'뿐만 아니라 고령자의 이야기는 여러 번 반복될 때가 많습니다. 하지만 그것은 '이야기한 적이 있다는 것을 잊어버렸기 때문'만이 아니라 '더 여러 번 이야기하고 싶다'는 심리에 기반한 행동입니다.

'그래도 그때가 좋았지. 많이 웃었지. 많이 울었지' 하는 감정을 공유함으로써 설령 생각대로 팔다리가 움직이지 않아도 고령자는 마음이 자유롭게 날개를 피도록 할 수 있는 것입니다.

또한, 경미한 치매 경향을 보이는 분들의 이야기도 '또야?'라고 생각할 만큼 반복되는 법입니다. 어떤 부분에서는 누구보다 섬세하지만 어떤 것들에 대해서는 너무 쉽게 잊어버립니다. 이것이 바로 치매 증상인데, 그런 모습을 타박하거나 일관성을 요구해도 그다지 의미는 없습니다.

아무쪼록 '휴, 어쩔 수 없네' 하고 웃으며 지내보세요. 그렇게 하는 편이 당신의 정서를 더 안정적으로 유지하는 데 도움이 됩니다.

한편, 고령자 입장에서도 대화의 효용을 적극 활용해야 합니다. 젊은 사람들이든 동년배 친구들이든 함께 근사한 기억을 떠올리며 발랄하고 순수했던 감정을 불러내 봅시다.

눈치 볼 필요 없습니다. "여러 번 얘기해서 미안한데 말야!", "그때 그 얘기 또 해 보면 어때?" 하며 설령 같은 이야기를 반복하더라도 적극적으로 말로 표현하는 분위기가 당신의 고령기를 더 밝게 만들어 줄 것입니다. 실제로 간호사들이나 가족과 즐겁게 웃으며 이야기하는 분들은 그런 기술을 습득한 분들입니다.

80대 이후 '나이듦'의 적은 쓸데없이 허세를 부리거나 의식이 흐릿하지 않은 척하고, 젊은 척을 하고, 주변 사람들의 눈치를 보는 것임을 통감합니다.

'어두운 우울'보다 '밝은 치매'가 낫다

고령기의 우울증과 치매를 대강 구분하는 지표 중 하나는 그 사람이 하는 말의 양이라고 합니다.

아무래도 고령기에 접어들면 인지 기능에 문제가 없어도 부정적인 감정 장애나 불면증 같은 '노인성 우울증'에 빠지기 쉽습니다. 이것은 당사자에게 굉장히 괴로운 일이기 때문에 저희 상담사들은 특히나 세심한 주의를 기울입니다.

현재 WHO(세계 보건 기구)가 명시한 양자의 큰 차이는 자살 염려(죽고 싶어 하는 마음)가 강한가 그렇지 않은가입니다. WHO는 비교적 말이 많은 노인은 우울증보다는 인지에 문제가 있을 수 있다는 가설을 제시합니다.

군이 불근신한 표현을 쓰자면, 우리는 '푸념을 많이 하지만 말을 잘하네. 이야기에 일관성은 없지만 어쨌든 밝다. 다행이야, 그냥 치매일지도 몰라' 정도를 생각하는 것입니다.

반대로, 저의 질문의 의도를 잘 이해했음에도 마음을 닫고 아무 말도 하지 않는 분도 많습니다.

물론 원래 내향적이거나 수줍음이 많을 수도 있겠지만, 저는 '노인성 우울증'을 의심하고 주의 깊게 살피거나 경우에 따라서는 입원 조치를 내리기도 합니다. 고령기의 우울증은 치매와 달리 즉각 자살로 이어질 수 있는 병이기 때문입니다.

우울증은 세로토닌이나 도파민, 노르아드레날린 같은 여러 호르몬의 균형이 무너지면서 생기는 호르몬 병리입니다. 평소 쉽게 절망하고, 부정적인 생각을 하는 습관을 버리지 못한 채 나이가 들어 노년에 우울증에 걸리는 경우도 있습니다.

이런 상태를 방치한 채 80대, 90대가 되면 자살에 이르기 쉽기 때문에 저희 상담사들은 (비교적 마음을 열어 주는) 치매 환자들을 대할 때와는 다른 주의를 기울이고 있습니다.

7장

꿈꾸는 사람은 나이 앞에 절망하지 않는다

성장하는 노년의 삶

현재에 안주하지 않고
계속 성장하는 삶

이번에는 《우주소년 아톰》이나 《정글 대제》 같은 작품으로 유
명한 '만화의 신' 데즈카 오사무(手塚治虫, 1928~1989, 일본을 대표하는 만화가로
쇼와(昭和) 시대에 활약했다) 선생님에 대해 이야기해 보려 합니다.

데즈카 선생님이 남긴 작품의 수는 약 700개에 이릅니다. 페이
지 수로 따지면 약 15만 매에 달합니다. 60세라는 이른 나이에 세
상을 떠난 후 30년 이상이 흘렀지만 현대 만화가 중에서는 여전히
최고의 경지에 오른 작가입니다.

사실 제 또래 친구들은 데즈카 선생님의 작품을 많이 읽으며 자
랐습니다. 저는 어려서부터 데즈카 선생님의 자상하고 목가적인
둥근 선을 많이 좋아했습니다.

그런데 제가 고등학생이었을 때의 일입니다. '어? 이게 정말 데
즈카 선생님의 책이라고?' 하고 의심할 수밖에 없는, 작풍이 완전
히 바뀐 시기가 찾아왔습니다.

풋내기인 제가 보기에도 언젠가부터 갑자기 주인공의 얼굴이나

펜의 선, 이야기의 성질이 달라진 것입니다.

앞서 소개한 《우주소년 아톰》같은 이른바 '사랑스러운', '정의로운', '밝은' 캐릭터가 흔적도 없이 사라지고 굳이 말하자면 '리얼리즘', '어둠', '사회성'을 띠는 주인공이 많이 등장하게 되었습니다.

《블랙 잭》등에 나오는 인물들의 모습이 변했고, 그 외에도 작품명을 예로 들자면 《아돌프에게 고한다》, 《의자》, 《키리히토 찬가》 등이 그랬습니다.

물론, 어느 작풍에든 절대적인 팬이 존재하고, 저 역시 지금도 데즈카 선생님의 모든 작품을 반복해서 읽고 있습니다.

어담이지만 순수 문학이나 탐정 소설도 좋지만 앞서 예로 든, 고전이라고도 할 수 있는 명작 만화를 꼭 읽어 보시기 바랍니다. 명작 만화에 나오는 압도적인 표현들은 접하면 분명 감정이 크게 요동칠 것입니다. 눈물을 흘리고 웃음이 터질 것입니다.

이처럼 다양한 감정을 느끼는 것 역시 성공적으로 나이 드는 비결 중 하나입니다.

다시 본론으로 돌아가면, 고등학생 때 데즈카 선생님의 그림의 변화를 목격한 저는 꽤나 당혹스러웠습니다.

'데즈카 선생님은 이제 '귀엽고 명랑하게' 만화를 그리지 못하게 된 걸까?', '나이가 들면서 당시 유행했던 극화의 요소를 넣은 성인 만화를 좋아하게 된 걸까?', '선생님도 달라진 걸까?' 하며 아쉬워했습니다.

후일에 저는 선생님이 남긴 기록과 영상, 그리고 어시스턴트의 회고록을 통해 작풍이 달라진 이유를 비로소 알게 되었습니다. 그러나 실제로는 그런 진부한 이유 때문이 아니었습니다.

나이가 들어서 작풍이 갑자기 바뀐 것이 아니라 선생님이 의도적으로 시행착오를 반복하고 칠전팔기의 고통을 겪으며 일부러 바꾼 것이었습니다.

자신이 나이가 들었음을 자각하고 거기에 일하는 방식을 맞춰 나갔던 것이었습니다.

예술의 세계에서 그런 일을 할 수 있는 사람은 거의 없다고 합니다. 자신이 나이 들어가는 모습을 관찰하는 냉정함과 프로 정신에 감복할 수밖에 없었습니다.

다양한 감정을 느끼는 것 역시
성공적으로 나이 드는 비결 중 하나입니다.

나이듦이란
'바뀌는'이 아닌 '바꾸는' 것

보름달을 그리면서 이야기하는 영상(당시 선생님은 55세 정도였던 것으로 기억합니다)이 제 기억에 선명하게 남아 있습니다.

보통은 자신이 일하는 모습을 보여 주고 싶어 하지 않죠. 그런데 선생님은 "달을 그릴 때는, 이렇게 아래에서 펜을 들어 올리며 스윽 하고 기세 좋게 그려요. 보름달 아래에서 위로 활을 그리는 기세는 10대 때 그대로예요. 그런데 이제 틀렸어요. 달의 꼭대기에서 아래쪽으로 그릴 때는 왠지 모르게 예전 같지가 않아요. 힘이 없어요. 내 손이 흔들리는 게 분명히 느껴져요" 하고 말했습니다.

풋내기가 보기에는 아주 동그란 달을 그린 것처럼 보였습니다. 하지만 선생님은 그 달 그림을 자못 분한 얼굴로 북북 찢어 버렸습니다. 그리고 말씀하셨습니다.

"이제 저는 꿈처럼 깨끗한 원을 그릴 수 없나 봐요. 그러니까 귀엽진 않아도 어렴풋한 선이라도 멋지게 보이도록 새로운 터치로 '바꾸기로' 한 거예요."

사람들의 입에서 '데즈카 선생도 달라졌네' 하는 말이 나오기 전에 자신이 먼저 '달라진' 것이죠. 용기가 필요한 일입니다.

　좋은 예가 떠오르지 않아 송구스럽지만, 10대부터 40년간 핑크
계열로 화장을 하고 귀여운 헤어스타일을 고수해 온 50대 여성이
'이제 안 되겠어' 하며 스스로 깨닫고 시행착오를 거쳐 차분한 분위
기로 자신의 스타일을 바꾸는 것에 빗댈 수 있습니다. 남성이라면
버튼다운 셔츠에 블레이저, 로퍼 슈즈의 아이비 룩을 오랫동안 고
수했던 사람이 어느 날 문득 거울을 보고 '뭔가 좀 안 어울리는데?'
하고 신사답게 스타일을 바꾸는 것과 비슷하달까요. 데즈카 오사
무 선생님과 수준은 다르지만 '스스로 자신의 나이를 먹는다'는 점
에서 심리적으로는 공통점이 있습니다.

　데즈카 오사무 선생님은 안타깝게도 60세라는 이른 나이에 세
상을 떠났지만, 살아계셨다면 분명히 70대, 80대에도 작풍이나 삶
의 방식을 조금씩 바꿔 나갔을 것입니다. 만약 100세까지 살아계
셨다면 어떤 궁리를 해서 작풍을 바꿔 나갔을까요? 그리고 어떻게
독자를 놀라게 하고 용기를 주었을까요? 이런 생각을 해 보면 개
인적으로뿐만 아니라 심리학 연구자의 입장에서도 애석하고 안타
까운 마음이 듭니다.

90살에도 즐겁게
도전할 수 있는 원동력

멍하니 있을 때가 아니죠. '이제 이 일은 나한테 안 맞나 봐', '나는 이제 이 취미에 매력을 느끼지 않나 봐' 같은 생각이 든다면 즉시 그만두고 다른 곳으로 눈을 돌려야 합니다.

자연스럽게 바뀌는 것이 아니라 스스로 바꿔야만 합니다. 데즈카 오사무 선생님이 마지막까지 식음을 전폐할 정도로 일에 몰두하면서까지 꿈을 좇을 수 있었던 이유가 바로 여기에 있습니다.

나이에 관계없이 스스로를 바꾼다는 의식을 갖는 것은 매우 중요하고, 지금부터라도 그렇게 해야만 합니다. 나이가 들어서, 특히 90대가 되어서도 마찬가지입니다.

몇 살이 되었든 자신이 가진 캐릭터를 계속해서 바꿔 나가 보세요. 바꾸기 어렵다면 캐릭터를 늘려 나가 보세요.

"저는 처녀 때부터 줄곧 기모노만 입었어요." 정말 즐거우신가요?

"저는 남프로방스풍으로만 식사를 해요." 행복하신가요?

때로는 시크한 롱드레스를 입어 보면 어떨까요? 초밥이나 닭튀김에 도전해 보면 어떨까요?

선택지가 오직 하나뿐이라고 생각하기에는 인생이 아깝잖아요.

앞서 등장한 데즈카 선생님이 갑자기 '바뀐' 것이 아니라 자신의 역량을 파악하고 '좋아, 바꾸자' 하며 도전했던 정신, 즉 나이와 함께 살아가는 감각을 떠올려 보세요.

'성공적인 나이듦'을 위한 사고방식은, 인생을 살며 '새로운 나'를 가능한 한 많이 만난 사람이 행복하다는 점을 중요하게 여깁니다.

이는 젊은 사람에게 해당하는 이야기가 아닙니다. 오히려 80대, 90대를 넘긴 성숙한 사람들이기에 잘할 수 있는 일입니다.

왜냐하면 나이가 들면 '과거의 나', '무언가를 익숙하게 해내 온 나'를 누구보다 잘 알고 있기 때문입니다. 다시 말해서 '새로운 나', '아직 도전하지 않은 미숙한 나'를 잘 알고 있다는 것과 똑같은 의미이기 때문입니다.

취미든 패션이든 애정하는 책이든 친구 만나기든 아직 접하지 않은 세계의 일이나 사물을 발견하는 힘은 나이가 들수록 점점 커집니다. 이것은 프랑스의 다양한 프로토콜 분석(심리학의 데이터 분석의 한 방법)을 통해 밝혀진 사실입니다.

자, 무엇으로 변신해 볼까요? 어떤 능력을 키워 나가 볼까요?

새로운 것에 도전하기, 나를 바꿔 나가기. 이것은 인생을 더 풍부하게 한다는 점에서 매우 중요합니다.

그리고 젊을 때부터 '나는 이대로가 좋다, 바뀌지 않아도 좋다, 무언가를 하기가 귀찮다'고 생각하는 사람은 80대 이후에 중증의 치매에 걸릴 위험이 엄청나게 높아진다는 사실도 밝혀졌습니다.

변신하기를 바라는 마음을 버리지 않고 늘 새로운 나의 모습 추구하기. 이것은 후기 고령기에 꼭 필요한 사고방식입니다.

남에게 '좋은 노인'이 아닌 나에게 '좋은 사람'으로

데즈카 오사무는 위암으로 60세에 세상을 떠났지만, 최후에 의식이 몽롱한 와중에도 '부탁이니까 일을 하게 해 줘'라고 말했다고 합니다.

사실 저는 선생님이 너무 치열하게 살았다고 생각하지 않습니다. 60세에 세상을 떠났지만 그토록 바쁘게 지내고, 충실감이나 호기심, 만족감, 갖은 고생을 겪었기에 인생을 두 배로, 즉 120세 이상을 산 것처럼 느껴집니다.

다양한 모습의 '나'를 만나고 자기 자신을 바꿔 본 경험이 있다면 그 인생은 '성공적인 나이듦'임에 틀림없습니다.

데즈카 선생님처럼 이른바 빼어난 천재의 '짧고 굵은' 인생도 멋지지만, 밝고 온화한 감정을 유지할 수 있다면 이왕 태어난 인생이니 길게 사는 편이 성공적으로 나이 들 가능성을 높일 수 있다고 생각합니다.

이번에는 제가 오랫동안 알고 지내는 101세 클라이언트의 이야기를 해 보겠습니다. 이분은 치매가 꽤 진행되었지만 늘 "고마워", "오늘은 이걸로 됐어" 하며 기분 좋게 간호사들을 대하고, 언제나 콧노래를 부르십니다. 어두운 노인성 우울증에 걸리지 않고 밝은 치매를 겪고 계십니다. 성공적인 나이듦이죠.

이분이 이처럼 온화하게 입원 생활을 보낼 수 있는 데에는 비결이 있는 듯합니다. 일단 자유롭고, 짓궂거나 완고한 면을 감추지 않고 드러냅니다. '좋은 노인'이 되려고도 하지 않습니다. 그래서 온화한 것이겠죠.

아침에는 치료사를 무시하고 자기식대로 재활하고, 점심에는 병원 밥이 아니라 햄버거나 감자튀김을 사 오게 해서 먹고, 저녁노을을 카메라에 담아내는 것을 무엇보다 좋아해 상담사가 옆에서 말을 걸려고 해도 카메라 파인더에서 눈을 떼지 않는 것으로도 모자라, 해질녘에는 좋아하는 미녀 배우의 사진을 시대별로 나란히 놓고 스크랩하고, 저녁 무렵에는 '같은 병실 어느 침대의 누구에게 손님이 왔다. 저 관계는 수상하다' 같은 추측이나 망상을 옆 병실에까지 가서 퍼뜨리는 등등 말하자면 정말 불량한 노인입니다.

간호하는 사람 입장에서는 '골치가 아프다'며 불평불만이 가득할 수밖에 없지만, 이분은 얌전하고 모범적인 노인이 되려 하지 않기 때문에 건강하게 지낼 수 있는 것이라고 생각합니다.

흔히 '자리보전을 하고 있는 노인'이라는 말을 많이 하는데, 이 클라이언트의 모습을 견주어 말하자면 '벌떡 일어나 있는 노인'인 것이죠. 그분께 이런 이야기를 하면 '미움받아도 그렇게 생활하는 게 낫다'며 웃어 보이십니다.

주변의 지나친 참견에서 시작되는 노인성 우울증

100세를 맞이하게 되면 갑자기 "할아버지는 계속 쉬셔야지요", "이제 무리하면 안 되니까 티브이라도 보면서 푹 쉬세요" 같은 배려 섞인 주변 사람의 참견이 늘어납니다.

아주 따뜻한 마음에서 우러난 말들이겠지만, "알았어, 알았어. 고마워" 하며 다른 사람이 정한 대로 80대 이후의 삶을 보내면, 별다른 억압이나 제약이 없음에도 오히려 불쾌함을 느끼고, 심할 경우 노인성 우울증을 겪기도 합니다.

반대로 "시끄러워. 내가 뭘 하든 내 마음대로 하고 싶으니까 내버려 둬" 하며 확실하게 되받아치는 분들은 마음이 건강하고 문병이나 면회를 하러 오는 사람이 끊이지 않습니다.

속마음을 있는 그대로 표현하는 사람들은 오히려 인기가 있는 걸까요? 옆에서 보면 성가시지가 않습니다. 실제로 '설령 몸져누워 있어도 내가 어떻게 지낼지는 내가 정하고 싶다'고 부탁하고 실천하려고 하는 분들은 치매에 걸릴 확률이 낮다는 연구 결과도 있습니다.

예를 들어, 암 투병 중이거나 다리를 움직이지 못하는 환자들은 가능한 한 가족에게 의지하려 하고, 계속 옆에 있어 주길 바라는 게 당연합니다. 하지만 특별히 아픈 곳은 없고 단순히 치매가 진행 중인 고령자분들은 가족에게 그렇게까지 집착하지 않는 것처럼 보입니다.

'치매가 진행돼서 내가 더 이상 내가 아니게 되면 어떡하지?'라는 공포심은 주변 사람의 쓸데없는 참견이 더해지면 오히려 더 커집니다.

따라서 가족이 치매에 걸렸을 때는 '오늘은 검사하는 날이니까', '간병인이 오는 날이니까' 하며 간호하는 입장에서만 생각하고 일방적으로 병원(시설)에 우르르 몰려가기보다 "다음에는 언제 올까요? 어떻게 하고 싶으세요?"라고 물어서 가능한 한 환자의 판단을 존중해 주세요. '생각'하고 '판단'하는 기능을 이 이상으로 빼앗지 말고 오히려 단련해 나갈 수 있도록 도와주는 것이죠.

또한 꼭 치매가 아니더라도 '내 일을 내가 결정할 수 없다'는 마음의 억압(전문 용어로는 비수반성이라고 하고, 이 현상은 원숭이나 개에게서도 발견됩니다)에 노출되면 노인성 우울증에 걸릴 위험이 눈에 띄게 높아진다는 사실도 밝혀졌습니다.

몸과 마음 어딘가에서 '나는 그 나이 그 나이를 전부 연소시켰어'라고
느끼고 눈감을 수 있다면 성공했다고 할 수 있습니다.

지나친 참견이 오히려 큰 문제를 낳는 셈이죠.

'죽든 장수하든 내버려 달라'는 기개를 가진 사람은 결과적으로 약 110세까지 장수한다는 연구 결과가 나와 있을 정도입니다.

'이렇게 열심히 간병해 왔는데…' 하며 한탄하는 분들의 목소리가 끊이지 않는데, 오히려 독이 되는 방법입니다. 얄궂게도 결과적으로는 환자에게 폐를 끼치는 꼴이 되기 때문입니다.

그래서 저는 종종 간병인 분들에게 '너무 가깝지도 멀지도 않은 관계'라는 말을 주문처럼 외치자고 말합니다.

마지막 날까지
온 힘을 다해 살기로 했다

호쿠사이 정도의 에너지를 갖기는 어렵겠지만, 그 정도를 갖는 것만으로도 자기 효력감은 상승합니다. 〈팔방을 노려보는 봉황도〉라는 호쿠사이 만년의 작품을 찾아봐 주십시오.

실제로 호쿠사이는 88~89세 나이에 이처럼 무서울 정도로 패기 넘치는 그림을 그렸다고 전해집니다(육필상 그림을 그린 것은 87세). 70세 이후 약 20년 만에 화풍을 바꿔 힘도 강해지고 한층 성장한 것입니다. 정말 놀라운 일입니다.

100세가 넘는 나이에 이렇게 대단한 그림을 완성했다고는 도저히 생각할 수 없을 만큼 에너지가 넘치는 그림입니다. 현대 의학으로도 설명하기 힘든 에너지입니다. 다시 말해서 의학적으로 불가능한 일을 정신적 기백으로 해낸 것이라고 말해도 좋을 것입니다. 호쿠사이는 70대에 이렇게 선언했습니다.

"나는 90세에 그림의 오의(奧義)를 궁구하고, 100세에 신의 영역에 도달할 것이며, 110세에는 한 획 한 획에 생명이 머무르게 할 수 있을 것이다."

봉황도의 필치 하나하나를 살펴보면 그가 〈부악삼십육경(富嶽三十六景)〉(각지에서 그린 후지산의 풍경을 담고 있는 그림으로 호쿠사이의 대표작 중 하나이다)의 시대와 또 '달라진' 새로운 자신과 만났음을 알 수 있습니다.

'인생, 남은 시간은 결코 많지 않다. 따라서 나라는 사람의 정체를 더 많이 알고 싶다. 세상 만물을 더 세세히 봐 두고 싶다. 내 능력의 진정한 한계를 보고 싶다'고 말하는 호쿠사이의 목소리가 들

러오는 듯합니다.

70세, 80세 정도가 되면 다들 어딘가 몸이 안 좋아지기 때문에 '죽음'을 두려워하기 시작하고 어떻게든 다른 일로 얼버무리려 합니다. 어찌 보면 부모 자식 사이나 친구 사이의 다툼, 병의 치료 같은 것에 지나치게 얽매여 있는 것처럼 보이기도 합니다.

'집착'과 '지나친 생각'은 되도록 버리는 것이 좋다

심리학자 모리타 마사타케(森田正馬, 1874~1938, 일본의 심리학자이자 정신과 의사로 '모리타 요법'을 창시했다)는 사람은 나이가 들수록 자신에게 나타나는 증상에 너무 예민하게 반응하기 쉬운데, 이러한 '집착'과 '지나친 생각'이 오히려 노인성 우울증을 가속화한다는 지적이 있습니다.

이때의 '집착'이란 '몇 시에 무슨 약을 먹어야 한다'거나 '아무개 선생님이 이렇게 말했다' 같은 고착 상태를 말하고, '지나친 생각'이란 '나도 빨리 입원하지 않으면 고독사할 것이다', '지금 당장 묘자리를 마련해야 한다' 같은 생각을 말합니다.

모리타 씨에 따르면 이 두 가지가 주위를 맴도는 한 행복은 찾아오지 않습니다. '죽음'이라는 피하기 어려운 규정을 향해 보잘것없는 일로 어지럽게 법석을 부리고 있는 것입니다.

이 책에서는 데즈카 오사무와 가쓰시카 호쿠사이를 예로 들었는데, 두 인물은 공통적으로 50대, 60대, 70대에 장래에 나이 든 자신의 모습을 똑똑히 응시했습니다. 그렇기 때문에 이 둘은 목숨을 애석히 여기고, 그 아쉬운 마음 때문에 생긴 정체를 알 수 없는 고양감으로 인해 마음을 더 활력 넘치게 하고 자신의 인생을 더 밝게 비췄던 것이 아닐까요?

사는 동안 완전히 연소했다고 고백할 수 있길

안락사에 대한 의견은 사람마다 제각각일 텐데 (상황에 따라서도 다르지만) 저는 기본적으로 안락사라는 사고방식을 생리적으로 좋아하지 않습니다.

물론 본인이 바란다면, 그 역시 하나의 선택일지 모르지만 적어도 저는 싫습니다. 병세가 무거운 병이든 뇌 질환이든 마음의 노화든 '아, 이제 더 이상은 못 하겠다. 나는 완전히 연소했다. 완전히 다 탔어'라는 감각을 어렴풋하게라도 느낄 때까지는 최후의 목숨 한 방울까지 다 쓰기를 바랍니다. 주변 사람에게는 폐를 끼칠지 모르지만 피차일반입니다.

지금까지 30대부터의 마음의 발달을 살펴봤듯이 인간이 태어나서 나이가 들어 죽음을 맞이할 때까지 마음의 성장이나 동요, 눈물, 번민은 (나이가 들면 잘 잊어버리지만) 무시무시한 것이기 때문입니다. 또한 저의 직업 특성상 정신적인 어둠이나 노화와 싸우면서 하루하루를 어떻게든 살아가는 인간의 모습을 보아 왔기 때문일지도 모릅니다.

호쿠사이가 오른 경지까지는 힘들겠지만, 인생은 매우 괴로운 것임에도 숨이 찰 정도로 열심히 살아왔기에 비로소 최후에 굉장한 업적을 남기거나 젊었을 때와는 다른 깊은 우애를 느끼는 등 전혀 몰랐던 자신과 만나는 아슬아슬한 연소감을 맛보지 못한다면 너무 아깝다는 생각이 듭니다.

초고령기에 접어들어 '나는 다 연소했다'고 생각할 수 있다면 그보다 더 성공적인 나이듦은 없으리라 생각합니다. 젊어서 병으로 고생한 분이나 정신 질환으로 하고 싶은 일을 다 하지 못한 분, 사고로 손이나 다리를 잃은 분도 많이 만나 봤지만 "안타깝게도 저는 할 수 있는 일을 다 했어요. 이제 정말 더는 못 해요. 그래서 감사해요"라고 말하며 생을 마감하는 분들은 늘 온화한 얼굴을 하고 있습니다.

우리도 피할 수 없는 '죽음'을 향해 각 세대에 느끼는 행복이나 고민을 차분하게 곱씹고 맛볼 수 있기를 바라봅니다.

몸과 마음 어딘가에서 '나는 그 나이 그 나이를 전부 연소시켰어 (내가 할 수 있는 일을 모조리 해냈어)'라고 느끼고 눈감을 수 있다면 아무리 부유하든 빈곤하든, 또 아무리 외롭든 많은 사람에게 둘러싸여 있든 '성공적인 나이듦'에 성공했다고 할 수 있습니다.

현재에 충실하기, 기회를 붙잡기

과거에 연연하지 않고 계속해서 새로운 나로 거듭나기 위해서,
집착을 버리고 힘껏 살아 내기 위해서 어떻게 하면 좋을까?

POINT 1

가족뿐만 아니라 주변 사람들과의 관계를 소중하게 여기기.

POINT 2

의식이 흐릿하지 않은 척, 젊은 척 같은 쓸데없는 허세 부리지 않기.

POINT 3

타인과 많이 대화함으로써 긍정적으로 밝게 뇌 활성화하기.

POINT 4

연소되기, 나의 '생'을 최후의 순간까지 살아 내기.

에너지 넘치는 삶을 위한
가장 확실한 방법

Q

'좋아, 열심히 해 보자!' 하며 어떤 일을 새롭게 시작했지만 최근 들
어 기력이 확 죽어 버렸어요.

A

취미가 됐든 치료가 됐든 재활이 됐든 아무리 노력해도 '어차피 아
무도 나한테는 관심이 없다'고 단정 짓는 사람이 많습니다. 그런 사
람들은 에너지나 동기 부여가 금세 약해지는 경향이 있습니다.

하지만 인간은 사회적인 동물입니다. '타인의 눈'이 없으면 에너지
를 유지할 수 없는 존재인 것이죠. 젊을 때는 타인의 시선이 방해가

될 때도 있지만, 성공적으로 나이 들기 위해서는 '누군가가 분명 나를 보고 있다'고 생각하는 힘이 에너지 유지를 위해 매우 큰 역할을 합니다.

예를 들어, 아름다운 사진이나 재미있는 동영상을 SNS에 업로드하는 것은 이제 남녀노소를 불문하고 전 세계적인 소통 방법으로 자리 잡았죠. 친구뿐만 아니라 '얼굴을 모르는 누군가'도 나의 개인적인 정보를 볼 수 있습니다. 그것은 아주 설레는 일이고 왠지 모르게 즐겁기도 합니다.

그런데 왜 그렇게 즐거운 걸까요? 그것은 자신의 '인정 욕구'가 충족될 수 있는 기회가 풍부하기 때문입니다. 사람은 타고나길 칭찬받고 싶어 하고, 긍정받고 싶어 합니다. 일상생활에서는 좀처럼 얻기 어려운 자기 긍정감을 SNS는 '좋아요' 수나 조회 수를 통해 곧바로 충족시켜 줍니다.

하지만 SNS가 즐거운 이유는 그런 인정 욕구 때문만은 아닙니다. 설령 아무도 '좋아요!'를 눌러 주지 않았다 해도 사람은 그저 '누군가가 나를 보고 있다'는 생각만으로도 의욕이 생겨 생기를 얻을 수 있습니다.

자신의 대한 평판이 좋든 나쁘든, 사실상 아무래도 좋다는 심리가 있습니다. 사람은 자신이 이곳에 존재한다는 것을 누군가가 '인식하고 있다는 느낌'을 강하게 원하기 때문입니다.

관찰자가 존재했을 때 에너지를 얻는 현상을 심리학에서는 '관찰자 효과'라고 부르고 매우 중요하게 다룹니다.

예를 들어, 의사나 간호사와의 신뢰 관계가 잘 형성되어 있는 병원이 환자들의 병을 더 잘 치료한다는 사실도 그 일례일 것입니다. 환자 입장에서는 모두가 한마음 한뜻으로 자신을 세심하게 돌봐 주고 있음이 느껴지면 인정 욕구가 충족되어 더 많이 위로받을 수 있기 때문입니다. 그럼 자연히 '낫고 싶다'는 마음이 강해집니다. 그래서 결과적으로 식이요법을 적극적으로 따르거나 검사에 잘 협조하는 등 긍정적으로 행동하게 된다고 합니다.

당신의 가족이나 당신 자신은 어떤가요? '어차피 아무도 나 같은 건 신경 쓰지 않아'라고 단정하고 있지 않나요? 그것은 '성공적인 나이 듦'을 방해하는 사고방식입니다. 당신을 신경 쓰는 사람은 가족이나 친족뿐만 아니라 오랜 친구, 그리고 수많은 의료 종사자 등등 아주 아주 많이 존재합니다.

근거가 없더라도 '나의 노력을 남몰래 지켜봐 주는 사람이 있다'고 생각하는 힘이 있는 사람은 '더 열심히 해 보고 싶어!', '엄청난 성과를 내 보겠어!' 하며 왕성한 에너지를 계속해서 유지할 수 있습니다.

나이가
든다는 건
좋은 일입니다

이 책을 읽고 나이가 든다는 것은 꼭 나쁜 일만은 아니라는 점을 깨달으셨길 바랍니다. '사람은 나이가 들면 엉망이 되는 존재'라는 생각은 완전히 잘못된 것임을 꼭 이해해 주셨으면 합니다.

사람은 오히려 나이가 들수록 몸은 늙었지만 마음은 안정을 찾고(우여곡절은 있겠지만), 감정 표현이나 커뮤니케이션, 유머에 여유가 생기고, 자기 자신을 들여다보는 방법을 터득하고, 마음의 안식처를 찾게 되며, 무엇보다도 젊을 때에는 하지 못했던 창의적인 일을 오히려 만년이 가까웠을 때 해낸다는 점을 연대를 좇아가며 정리해 보았습니다.

또한 오래 살수록 치매에 걸릴 위험은 높아지지만, '망각'에 대한 죄악감에 너무 과민하게 반응하지 말고 어쨌든 기분 좋게 지낼 수 있다면 비록 정신이 또렷하지 않아도 노인성 우울증에 걸려 끙끙 앓으며 비관하는 만년보다 훨씬 행복할 것입니다.

저는 지금 중년기 후기에 접어들었는데, 어린 시절이나 청년기에 상정했던 제 모습에서 완전히 '벗어난' 인생을 살고 있습니다. '나는 어른이 되면 분명 이렇게 될 거야' 하며 소녀 시절에 그렸던 수많은 모습 가운데 무엇 하나 제대로 이룬 것이 없습니다.

예를 들어, 적어도 세 명의 아이를 낳고, 요리 같은 취미를 만끽하고, 육아가 어느 정도 끝나면 피아노를 배우고 싶다는 느긋한 망상을 했습니다. 가족은 규슈에 있으니 도쿄에서 대학 생활을 마치면 곧바로 고향으로 돌아가 심리학이라는 심연이나 다른 연구자들과의 경쟁 같은 스트레스와는 거리가 먼 곳에서 생활하는 모습을 상상하며 느긋하게 있었습니다.

하지만 현실은 아직도 독신입니다. 아이도 없고 가정도 이루지 못한 채 취미는커녕 도쿄 한가운데서 매일 일에 쫓기며 살고 있습니다.

'몇 살에는 이렇게, 몇 살쯤에는 이렇게' 하고 계획을 세워 봤자 현실은 내 생각처럼 흘러가지 않죠. '이런 걸 상상한 게 아닌데…' 하고 당혹스러움을 맛볼 때가 많습니다. 많든 적든 누구나 그런 법입니다.

그렇다고 해서 '성공적으로 나이 드는 데 실패했다'는 말은 결코 아닙니다. 오히려 레일 위에 서서 담담하게 인생을 걸어 나가기보다는 눈앞에 갑자기 나타난 곤란이나 기회와 맞서고, 앞이 보이지 않아도 일단 지금 이 시간을 충실하게 살 수 있다면 분명히 '내 나름대로 잘 살았다', '좋은 인생이었다'라고 생각할 수 있을 것입니다.

생애 발달 심리학의 관점에서 보면 그런 인생이야말로 원 없이 다 살아 냈다는 충실감을 느낄 수 있는 성공한 인생일 것입니다.

이 책이 여러분에게 인생에서 벽에 부딪혔을 때 '다시 한번 거기부터 읽어 보자'라고 떠올릴 수 있는 나침반이 되어 준다면 그보다 기쁜 일은 없을 것입니다.

끝으로 PHP연구소의 다나카 미유키 씨에게는 이만저만 신세를 졌습니다. 이 자리를 빌려 진심으로 감사드립니다.

심리학자가 들려주는
우아하게 나이 드는 법

1판 1쇄 2021년 12월 3일
1판 2쇄 2022년 3월 14일

지은이 우에키 리에
옮긴이 김슬기
펴낸이 유경민 노종한
기획마케팅 1팀 우현권 **2팀** 정세림 현나래 유현재
기획편집 1팀 이현정 임지연 **2팀** 박익비 **라이프팀** 박지혜 장보연
책임편집 박익비
디자인 남다희 홍진기
기획관리 차은영
펴낸곳 유노콘텐츠그룹 주식회사
법인등록번호 110111-8138128
주소 서울시 마포구 월드컵로20길 5, 4층
전화 02-323-7763 **팩스** 02-323-7764 **이메일** info@uknowbooks.com

ISBN 979-11-90826-88-4 (03190)